사회가 뭐예요?

"개인과 사회적인 것의 이해"

임지영

publishing and culture
피앤씨미디어

지은이 말

교양 수업을 끝내고 나오는 길이었다. 한 학생이 내 발길과 동행하며 전공이 무엇인지 물었다. "사회학!" 나는 짧고 차갑게 대답했다. 대학의 이론 수업이 사라지고 학생들도 이론, 개념, 무질서, 부조리, 불명확 등에 무관심하다는 것을 체감하면서 내 처지가 홀대받는 것 같아 분노하다 못해 절망하던 때였다. 학생은 수줍게 자신을 낮추며 말했다. "제가 사회 현상을 공부하고 싶은데 어떻게 시작해야 될지 모르겠어요. 어떤 책을 읽어야 할지 가르쳐주세요." 학생의 부끄러워하는 모습에 나도 반성이 되었다. 남들이 재미없어 하는 책을 알고 싶어 하는 학생의 욕망이 그동안 곪아가던 내 마음을 정면으로 바라보게 했기 때문이다. 나는 어떤 책을 소개할지 잠시 고민했다. 그런데 쉽게 말해줄 수 있던 책이 없었다. '이 책은 이래서~ 저 책은 저래서~'라고 여러 생각이 스쳤으나 그냥 짧게 "없어"라고 대꾸했다.

사회 현상을 이해하는 데 적절한 책을 찾는 것은 쉬운 일이 아니다. 사회 현상을 설명하는 사회학 입문서들은 주로 사회학 개론서에 해당한다. 사회학 개론서들은 사회학의 기초 이론(가)에서 세부 사회학까지 방대한 영역에서 사회학을 다루고 있다. 이 유형은 사회학이 무엇을 다루는 학문이고, 사회 현상에 대한 문제를 개괄적으로 인식하는 데 유익할 수 있으나, 건조하고 전문적인 내용으로 독자가 제도권 교육을 받는 학생에게 국한될 가능성이 짙다. 다른 사회학 입문서 유형은 에세이다. 사회학을 처음 접하는 대상들을 위해 친근하게 다가가려는 책이다. 이 유형은 다양한 예시에 비해 사회학적 개념의 적용이 가볍게 느껴진다. 다양한 예시에 엄청나게 포진되어 있는 사회학적 요소(개념)를 풀어놓지 않아 설명의 부족함을 느낀다. 사회학적 본질이 잘 드러나지 않아 생명력이 떨어진다.

나는 사회학을 말하는 책을 찾고 있었다. 무엇이 사회학을 말해줄 수 있을까? 가장 '사회학적인 것'이 사회 현상을 말해줄 수 있을 것이다. 사회학은 사람들과의 일상적 관계를 통해 유지되고 만들어지는 가치판단, 의견, 원칙, 일상적 의미(상식) 등과 같은 삶의 모든 질서를 설명한다. 우리의 삶을 규정하는 규칙, 행동 규범, 제도 등 사회 구조에 대해 말한다.

뒤르케임은 '사회적 사실'로 우리의 삶(사고, 행동 질서)을 구성하는 사회 구조를 설명한다. 사회적 사실은 정신적이고 도덕적인 제도와 원칙이며 개인에게 구속력을 행사한다. 마르크스는 개인들이 주관적으로 사회적 관계에서 벗어나 있다고 생각할지라도 사회적 관계의 피조물이라는 점을 부정할 수 없음으로 개인은 사회적 관계를 이해하지 않을 수 없다고 말한다. 베버는 '사회적 행위'라는 표현을 통해 공동체와 개인의 상호관계에서 결정되는 개인의 행위와 가치판단을 설명하고 있다. 모든 사회학자가 말하고 있듯이 사회학은 개인과 사회(집단)의 관계구조를 설명하고 이론을 정립한다. 그렇다면 나의 질문으로 다시 돌아가 가장 '사회학적인 것'이란 무엇인가. 그것은 개인과 사회의 관계 질서이다.

나에게 사회학은 세상을 알게 하여 나를 세우는 힘이었다. 나는 마르크스의 책을 읽으며 인생의 좌우명을 가지게 되었다. 학위를 마치고 연구소 면접 심사를 받던 날, 좌우명이 무엇이냐는 질문에 나의 좌우명 아니 마르크스의 말을 했더니 심사위원들은 폭소를 터뜨렸다. 너무 뜻밖이던 모양이었다. 마르크스를 읽으면서 알게 된 그의 문장은 너무도 명료했다. 그 어떤 사상가가 자신의 생각을 이토록 정확하고 쉽게 표현할 수 있을까? 마르크스의 문장에는 숨도 못 쉬게 무거웠다가 막혀있던 숨을 틔워주는 힘이 있다. 베버는 오랫동안 나를 부여잡고 있었다. 내 삶 주변에서 벌어지는 부조리하고 편법적인 일들이 끔찍하게 싫었었다. 세상은 합리적이어야 하고 인간이라면 합리적이어야 한다고 끊임없이 되뇌며 내 행위와 가치 판단만큼은 합리적이어야 한다고 다짐하고 또 했다. 나는 강박적으로 베버의 '합리화'에 나의 태도를 옭아맸다. 그리고 뒤르케임을 만나서야 주체로서 개인이 오롯이 감수해야 할 책임에서 탈출할 수 있었다. 뒤르케임은 개인이 행복해지기 위해서 사회가 순기능을 해야 한다는 사회의 역할을 제시했다. 개인과 사회의 관계를 통렬하게 고민하며 방향을 제시하는 사회학 책을 읽으면서 나는 건강한 정신의 자아로서 건강해야 할 사회에 존재하고자 했다.

이 책은 개인과 사회적인 것(사회)의 관계를 설명하고 있다. 이 책에서 제시하고 있는 사회학적 개념, 이론가, 사회 현상, 사회 구조는 모두 개인과 사회적인 것의 관계를 설명하기 위해 구성되었다.

'1부 사회학은 무슨 얘기를 하나요?'는 사회학 개념을 바탕으로 개인과 사회조직이 어떤 관계로 구성되는지 보여준다. 사회학적 기본 개념과 관점을 우리의 사회적 삶에 적용하여 해석하려 했다. 사회학의 정의와 인식, 역사, 대상, 사회과학의 패러다임과 방법론은 과학적 태도로 인간과 사회의 관계를 증명하고 이해하려는 사회학의 길을 보여준다. '2부 사회학자와 사회 분석'은 고전 사회학자 마르크스, 뒤르케임, 베버가 말하는 개인과 사회의 관계를 살펴보았다. 생산 관계, 불평등 관계, 개인과 사회 간 우월 관계 등 '사회적인 것'에서 결정되는 개인의 삶과 사회구조적 특징을 그들의 저서를 통해 설명했다. 원전보다 나은 설명이란 있을 수 없다. 하지만 이 책에서 요약된 그들의 세상이 사회적 관계와 사회 현상을 이해하는 데 마중물이 되기를 희망한다.

2019년 8월

임지영

차 례

1부 사회학은 무슨 얘기를 하나요?

1장 사회학의 정의와 인식 3

1. 사회학의 정의 _ 3
2. 사회학의 발달 _ 4
3. 사회학과 인접 학문 _ 6
4. 사회학적 인식체계 _ 7
5. 사회학의 효용 : 삶의 문제 해결 _ 11

2장 사회적 집단과 사회적 합의 13

1. 사회 집단 _ 13
2. 사회적 합의의 형태 _ 15
3. 사회적 합의 _ 17
4. 과학주의와 윤리 _ 19
5. 과학적 합리주의와 자본주의 발전 논리 _ 20

3장 사회과학의 패러다임 23
1. 과학적 인식론 _ 23
2. 이론과 현상의 관계 _ 24
3. 사회학적 패러다임 : 방법론적 전체주의와 방법론적 개인주의 _ 25
4. 사회와 개인 : 개인보다 사회? 사회보다 개인? _ 38
5. 사회적인 것 _ 39

4장 사회과학 방법론 42
1. 인간과 사회를 증명하라 _ 42
2. 방법론적 일원성과 이원성 _ 43
3. 질적 방법론의 이해 _ 44
4. 사회학적 해석과 의미 _ 60

2부 사회학자와 사회 분석

1장 칼 마르크스(Karl Marx, 1818~1883) 65
1. 마르크스의 자본론 _ 67
2. 자본 추구의 현실 _ 88
3. 노동과 인간의 삶 _ 93

2장 에밀 뒤르케임(Emile Durkheim, 1858~1917) 107
1. 뒤르케임 사회학 방법론 : 사회적 사실 _ 110
2. 뒤르케임의 사회 _ 123

3장 막스 베버(Max Weber, 1864~1920) 137
1. 사회학 방법론 _ 139
2. 사회적 관계와 집단 _ 143
3. 합리화 _ 147
4. 베버의 사회 이해 _ 156

참고문헌 161

1부

사회학은 무슨 얘기를 하나요?

1장

사회학의 정의와 인식

1. 사회학의 정의

사람들은 함께 모여 살아간다. 사람들이 무리를 지어 살아가는 공동체를 사회라고 한다. 일반적으로 사회는 국가, 민족, 사회 집단 등의 단위로 구성되는 공동체이다.

인간은 공동체에 기반을 둔 자신의 삶을 이해하고 싶어 한다. 인간이 삶과 공동체를 이해할 때 인간 집단을 이해하는 수단이 필요하다. 사회학이 바로 인간과 인간 삶의 공동체를 설명하는 도구이다.

사회학이란 용어는 1839년 프랑스 철학자 오귀스트 콩트(Auguste Comte, 1798~1857)가 『실증철학 강의(*Cours de Philosophie positive*)』에서 '사회 물리학'이란 단어를 처음 사용한 이후 뒤르케임(1858~1917)에 의해 '사회학'으로 명명되었다. 콩트에게 사회 물리학은 자연철학의 한 부분으로서 사회적 현상에 대한 모든 근본적인 법칙을 만드는 학문이었다. 가스통 바슐라(Bachelard, 1934)와 같은 인식론자에게 학문이란 과학적 비판 과정을 통해 성립된다. 사회학은 사회를 과학적 논리로 설명하는 학문으로서 과학적 이성에 기반을 두고 있다.

사회학의 프랑스어 'Sociologie(사회학)'는 'Socio(사회의)'와 'Logie(학, 론)'의 합성어이다. 'Socio(사회의)'는 라틴어 'socius'에서 유래되었는데, 'socius'는 '연결된, 관련된(associé)' 뜻을 가진다. 연결되고 관련된다 함은 A와 B라는 상호 존재의 관계성을 전제한다. 다수의 존재가 상호성을 맺고 사는 세상이 사회이다. 'Logie(학, 론)'는 그리스어 'logos(이성)'에서 유래되었다. 이성은 학문을 규정하는 가장 큰 특징으로 오늘날 'Logie(학, 론)'가 되었다.

사회학의 어원적 정의에서부터 우리는 사회학을 인간과 집단의 상호 관계를 이성적으로 논하는 학문이라고 규정할 수 있다. 요컨대 사회학은 인간과 집단의 관계적 질서 구조를 논리적 증명 과정을 통해 설명하는 과학적 학문이다.

2. 사회학의 발달

사회학은 근대의 학문으로 19세기 마르크스(Marx, 1818~1883), 뒤르케임(Durkheim, 1858~1917), 베버(Weber, 1864~1920) 등에 의해 전개되었다.

인간 삶의 현상을 사회 현상이라 할 때 사회학은 사회 현상의 이해를 위한 과학적 학문이라고 말할 수 있다. 사회학은 근대의 합리적 과학이 종교를 대체하는 과정에서 출현했다. 사회학은 베버의 표현처럼 '마법에서 풀린' 즉 '합리적' 방식으로 사회적 현상을 과학적으로 설명하려는 의도에서 태어났다. 사회학의 임무는 신의 섭리나 구세주의 도움에 의지했던 인간들이 그들의 삶과 운명을 스스로 결정하도록 사회의 기능을 밝히고 인간의 합리적 태도를 구축하는 데 있었다.

콩트의 표현으로 사회학은 '미래를 예측하고 제공하기 위한 지식'의 역할을 한다(Etienne, 2002:263). 콩트는 최초로 '사회 물리학'이란 단어를 만들고 사회 현상에 대한 제반 법칙을 위한 실증적 방법을 추구했다. 실증적 연구란 사회 연구에 자연과학적 방식을 적용하는 것이다. 콩트는 인류와 지식(사상)의 근원을 이해하기 위해 3단계 법칙을 제시하고 실증의 태도를 보여준다. 자연적 현상을 신의 활동으로 여기던 1단계에서 '왜'라는 질문이 아닌 '어떻게'를 아는 3단계가 실증주의 과학 시대를 의미하는 것이다. 콩트에는 인간 삶에 대한 과학적 태도를 가져다주었다.

뒤르케임은 사회학이 사회적 개혁과 불가분의 관계라는 점을 강조했다. 그는 시대적 요구였던 교육 체계의 근대화, 비종교성, 노동자 문제 등 사회 개혁 문제를 다루었다. 독일에서도 사회학의 출현이 정치적 역할과 관련되었다. 미국 사회학은 1915~1935년 시카고학파(Ecole de Chicago)에 의해 사회적 문제(도시화의 가속화, 이민 증가, 범죄, 빈곤문제)를 다루면서 안착하기 시작했다(Etienne, 2002:264). 애초 사회학은 사회와 도덕적 개혁을 위해 다양한 사회 부류와 영역의 사회적 기능을 다루었다.

3. 사회학과 인접 학문

사회학은 인류가 발달시킨 다양한 학문을 토대로 과학적 학문으로서 성장했다.

고대 정치에서 발현된 유토피아와 이상 세계는 사회학 연구의 중요한 기제가 되었다. 사회의 이상적 모델은 사회 현실을 비판하고 사회 질서를 개혁하는 방식에서 사회학에 영향을 주었다. 개인의 자유로운 상태를 보장하는 제도 및 정부와 자유 민주주의를 발달시켰다.

수학과 철학은 사회과학적 인식 구축에 중요한 역할을 했다. 베이컨과 데카르트에 의해 시작된 근대 과학은 칸트 인식론의 근대적 형이상학에 이르렀다. 수학과 철학을 넘나드는 형이상학은 논리성의 형식적 관계를 사회학에 적용하였고, 철학은 권력과 사회지배 체계에 대한 사회학적 성찰을 제공해주었다.

사회학적 담론은 두 가지 역사 현상에 의해 발달되는데, 부르주아 출현과 유럽의 식민지 개척이다. 식민지 팽창은 자본의 발달에 따라 상인 및 제조업자들이 유급 계급(부르주아)을 형성하며 유럽의 생산 및 자본 활동의 생산 가치를 높이는 방법이었다. 식민 현상은 계층(부르주아, 군인, 공무원, 중개인)뿐만 아니라 근대 민속학과 인류학의 발달을 가져왔다. 민속학과 인류학은 식민 국가의 민족이나 생활상을 이해하는 수단이었기 때문이다.

개인 간의 규칙을 결정하는 측면에서 사회학은 법과 긴밀한 관계를 가진다. 법은 인간본성에 대한 법칙을 규정한다. 법은 인간 사회를 지배하는 사물의 본성이며 모든 존재(사람, 동물, 물질)의 관계에서 필요하다.

사회적 삶은 개인들의 계약과 규칙 없이 존속할 수 없다.

루소(Rousseau, 1762/2001)에게 인간 본성에 대한 규칙은 사회계약의 문제이다. 사회계약은 평등하고 자유로운 모든 시민을 결합하여 사회를 구성한다. 루소에게 최고통치권은 일반의지를 가진 시민(남자)의 것이고 부르주아나 특정 집단의 것이 아니다. 사회계약은 개인과 집단을 지배하는 형태에 반대하고 자유와 평화에 근거한 진정한 민주주의 관계를 지향한다. 사회계약설은 갈등론적 이론에 반대하고 합의적 원칙에 근거한다.

인간과 사회를 이해하려는 사회학의 열망은 오랫동안 여러 다양한 학문이 다루던 사회적, 정치적 담론과 인접하며 성장하였다.

4. 사회학적 인식체계

1) 사회 구조와 인식

사회는 개인과 집단의 관계적 질서 구조를 가진다. 사회 구조란 우리의 삶을 맺고 있는 법적, 경제적, 가치, 도덕, 규율 등의 관계 질서 체계를 말한다.

사회적 관계 질서 구조의 인식은 개인의 일상적 삶의 문제를 해결하는 데서 시작된다. 우리는 사회적 조건이 나의 현실을 결정하고 선택을 강요할 때, 나에게 닥친 어떤 문제를 해결하려 할 때, 사회 구조적 관계를 알게 된다. 개인적 상황을 해결하기 위해 나를 둘러싼 사회 구조적 맥락을 배울 때 비로소 개인의 객관적 인식 확장이 이루어진다.

아래의 사례는 한 개인이 불행한 사고를 당하면서 자신의 삶을 유지했던 경제적, 법적, 사회적, 도덕적 조건을 객관적으로 성찰하게 됨으로써 사회적 인식의 확장이 이루어지는 과정을 보여준다.

가난하지만 행복하게 세 명의 자녀를 키우며 빌딩 창문을 닦는 일을 하며 살아왔던 A는 어느 날 작업 도중 추락 사고를 당한다. 술에 취한 사람이 건물 옥상에 올라가 줄을 끊어 버린 것이다. 추락과 동시에 뇌사상태에 빠진 A는 병원 중환자실에 장기 입원을 해야 할 처지가 되었다. 청천벽력과도 같은 남편의 사고 소식을 접한 아내는 슬픔에 빠질 시간도 없이 충격에서 빠져나와야 했다. 그녀에게는 아직 엄마의 손길이 필요한 아이들이 있었고 병상에 누워있는 남편이 있었다. 그렇다고 그녀는 마냥 그들 곁을 지키고 있을 수만은 없었다. 생활비와 병원비가 필요했기 때문이다. 그동안 부어둔 의료 보험료를 수급하여 남편의 병원비를 충당하고, 사회복지 지원금에 의존해 생활비를 해결했다. 그러나 이것으로 생활을 지속하기 어려웠다. 친지들이 아이들을 돌봐주었지만 그것이 아이에게서 엄마의 손길을 떼어놓게 하지는 않았다.

그런데 무엇보다도 그녀가 통탄한 사실은 국가나 회사의 배상 조치였다. 안전사고였음에도 사회와 회사가 응당 책임져야 할 보상이 없었기 때문이다. 세상은 남편의 죽음을 산업재해 피해나 노동법에서 보장해 주지 않았다. 오히려 남편의 죽음을 단순 사고로 받아들이는 데 너무도 익숙했다. 사람들은 "사고 당한 사람만 억울하지…"라고 위로를 했다. 야박한 세상 탓에 아내는 답답하고 억울하기만 했다.

그녀는 깊은 고민의 나락으로 떨어졌다. 회생 가능성이 낮은 남편을 비싼 약과 기계에 의존하여 생명을 연명시켜야 하는지 의문이 들었다. 차라리 무의식 상태의 남편을 고통스럽지 않게 하늘로 보내주는 것이 남편을 위한 선택이 아닐까 하고 생각했다. 그것이 자신과 아이들이 정상적인 상태에서 어려운 살림을 그나마 꾸려나갈 수 있는 길이라고 여겨졌다. 그녀는 사회적 금기인 안락사에 생각이 미쳤다. 그녀는 혼자 두려움에 떨며 생각했다. 안락사가 경제적, 도덕적 구속에서 힘들어하는 가족의 안녕을 지켜주는 방법이 아닐까? 그러나 안락사는 법적으로 금지되어 있고 도덕적으로 비윤리적 행위였다. 그녀의 판단이 옳아도 사회적 통념과 규율로 금지되어 있는 행위이다. 남편이 뇌사상태에 빠지기 전 그녀는 안락사에 깊이 생각해 본 적 없다. 더구나 사람의 목숨을 죽이는 일은 인간의 선택권을 넘어선 결정이기에 반인륜적 행위라고 생각했다. 그러던 어느 날 제한적 안락사를 허용한다는 뉴스를 들었다(2018년 연명의료결정법). 그녀는 제한적 안락사가 무엇인지 당장 알아보았다. 그녀는 법적, 사회적, 도덕적 규율이 새롭게 허용하는 범위에서 판단하고 결정해야 했다. 그녀는 삶의 모든 결정과 선택이 경제적, 법적, 사회적, 도덕적 질서 체제에서 자유롭지 못하다는 것을 깨달았다.

우리는 일의 경중을 떠나 '개인적' 문제에 하루하루 당면하며 살아간다. 밀스(Mills, 1959/1997)는 개인에게 닥친 문제를 '개인적 고통'이라 불렀다. 위의 주인공은 누구에게나 생길 법한 생로병사의 문제에 당면했다. 그녀에게 처음 닥친 일이지만 이것은 비단 그녀만의 문제는 아니다. 뇌사 상태의 가족을 둔 개인의 고통은 지속되어 왔고 앞으로도 그럴 것이다. 그럼에도 불구하고 그녀에게 안락사의 문제가 대두된 이유는 남편이 뇌사 상태에 빠진 불행한 이야기가 자신의 것이었기 대문이다. 남편의 뇌사 상태는 아이들과 자신의 생계에 타격을 주었다. 아내는 삶의 문제를 해결할 최선의 선택을 위해 객관적 상황(조건)을 고려해야 했다. 그의 사고가 법적 제도권에서 보상받지 못하자 사회보장제도(보조금, 아동 시설)의 적절성, 안락사의 제한적 합법성, 사회적 도덕의 정당성 등 사회 질서 규율에 대한 객관적이고 종합적인 판단을 하게 되었다.

이처럼 개인은 자신의 행위를 결정할 때 사회 구조적 질서 관계 속에서 자신의 상태를 인식한다. 객관적 조건의 인식은 사회 구조적 관계를 깨닫는 순간이다. 개인이 사회적 현상으로서 자신의 문제를 인식하는 순간 사회적, 경제적, 정치적 구조에 의해 결정지어진 사회적 규범, 도덕, 가치의 구속력을 알게 된다. 사회 구조에 대한 인식의 확장은 일상의 모습을 사회적 현상으로 이해하게 한다.

2) 개인적 차원과 사회적 차원

사회학적 인식 체계는 법적, 경제적, 가치적, 도덕적, 종교적 질서 체계를 인지하고 통합하는 사고 과정을 말한다. 사회학적 인식은 개인적 차원과 사회적 차원을 구성한다. 사회적 차원은 대다수의 사람들에 의해 유지되고 만들어지는 가치, 의견, 법, 규율, 제도를 말한다.

일반적으로 모든 현상을 개인적 차원에서 이해하는 인식 태도는 사회적 차원에 대한 인식 부족을 보여준다. 이것은 개인적 차원과 사회적 차원의 관계성을 인지하지 못하는 태도이다. 사회적 조직이나 구성 논리에 대한 인식이 결여될 때, 즉 사회적인 것에 대한 인식이 부족할 때, 모든 것이 개인의 판단과 결정의 결과로 여겨진다. 따라서 행위자의 책임과 능력은 절대적이게 된다.

대학 진학과 관련하여 대부분의 학생들은 자신의 결정이 사회적 구조에서 선택된 결과라는 것을 인지하지 못한다. 좋은 성적은 노력의 성과이고 부족한 성적 역시 개인의 책임이니 성적에 따라 특정 대학과 특정 학과를 선택하는 것이 공정하고 당연하다고 인식한다. 성적은 오롯이 자신의 노력에 대한 대가이므로 자신의 선택에 대한 정당성을 완벽하게 설명한다. 하지만 훌륭한 성적을 낸 학생들의 대학 선택이 특정 학과와 특정 대학에 쏠릴 이유는 없다. 공무원 고시라는 말이 사회적 현상을 설명하는 데 더 이상 낯설지 않은 만큼, 특정 직업과 관련된 학과에 우수한 학생들이 몰리는 현상은 경제 위기의 사회적 현실 앞에 특정 대학과 학과의 선택이 개인적 삶의 안위를 보장하려는 전략으로 이해된다. 취약한 노동시장의 구조(취업대란) 때문에 취업에 유리한 대학 및 학과를 선택하는 것이다. 다시 말해, 대학과 학과의 쏠림 현상은 대학의 명성, 취업 현실, 미래 전략 등에 대한 사회적 인식에서 설명될 수 있다.

대학 선택은 한국 사회 구조의 경제적, 사회적 요인에 의해 심사숙고된 결정이다. 우수한 대학을 졸업하고서도 취업이 보장되는 대학이나 학과로 재입학하는 경우가 증가하는 현실은 사회 구조적 요인에 따른 개인적 선택을 설명한다. 요컨대 개인의 선택이 순전히 개인의 꿈과 노력의 실현으로 이해될 수 없는 이유이다.

5. 사회학의 효용 : 삶의 문제 해결

사회 구조는 사람들의 가치, 도덕, 합리적 근거에서 결정된 내용을 행동 규칙, 규범으로 제도화한 결과이다. 개인은 사회 구조가 제공하는 규칙, 행동 규범을 익히며 발생하는 문제를 해결하며 살아간다. 개인들은 특정 사회적 현안에 사회적 합의를 이루고 그 결정을 따르게 된다.

사람들은 사회적 구조에서 안정된 삶의 틀을 제공받고 일상생활에 적응하며 자신의 삶에 해결해야 할 문제가 생겼을 때 개인적 삶과 상식에 대해 의문을 느낀다. 이로써 사회적 현상에 대한 인식 확장과 사회적 차원의 이해로 나아간다. 사회 구조적 인식은 일상적으로 우리가 당연하다고 느끼는 고정관념과 상식에 대한 의심이며 그것과의 단절에서 출발한다.

뒤르케임(Durkheim, 1988/1895)과 부르디외(Bourdieu, 1968)에게 사회학은 고정관념과 상식의 단절에서 시작한다. 부르디외에게 사회학은 문제에 대한 가설을 세우고 과학적 연구를 지향하는 과학이다. 사회학자는 객관적 태도와 주관적 태도를 겸비해야 하는데 객관성은 냉정과 이성의 태도로 무엇으로부터 떨어져 있을 때 확보 가능하며, 주관성은 내부에 있어야만 알고 느낄 수 있다. 우리 모두는 각자의 삶의 문제를 해결하는 사회학자이고 사회학자이어야 한다. 밀스(1959/1997)는 익숙해진 일상생활의 타성에서 벗어나 모든 것을 새롭게 바라보게 하는 것이 '사회학적 상상력'이며 우리에게 사회학적 상상력이 필요하다고 말한다. 사회학적 상상력은 우리의 운명을 통제하고 삶을 개선할 수 있다는 생각이나 사회가 어떤 방향으로 나아갈 것인가에 대한 인식을 제공하는 등의 우리의 삶과 사고를 확장하는 방법이 된다.

사회학은 이처럼 사람들이 가능한 한 행복한 삶을 살도록 최선의 방법을 제공하는 수단이다. 그것은 개인과 사회에 대한 인식의 확장을 이끌고 사람들과의 일상적 관계를 통해 유지되는 가치, 의견, 원칙, 교훈, 상식 등 모든 질서에 대한 이해를 제공한다. 사회학은 인간과 사회를 (연구) 대상으로 사회 구조의 관계적 질서(규범) 체계를 이해하는 학문이다.

2장

사회적 집단과 사회적 합의

1. 사회 집단

사회적 집단은 사회적 인간(homosociologicus)의 모습이다. 사회적 인간은 사회적 관계를 보장하기 위해 집단을 필요로 한다. 집단이란 두 사람 이상 일정기간(최소 한 달) 동안 지속하는 모임이다. 일반적으로 수많은 구성원에 의해 조직된다. 사회 계층, 정당, 연합 등이 집단의 예이다.

대표적인 사회 계층은 부르주아 집단이다. 부르주아 계급은 19세기 후반 20세기 초 대량 생산체계에서 형성된 자본가 계급이다. 부르주아는 그들의 경제적 질서를 형성하고 정치적, 사회적, 문화적 삶의 양식을 만들었다. 노동자 계급은 부를 축적하여 자본가가 될 수 없도록 노동 착취의 조건적 삶을 강요받았다. 새벽 출근, 빵 한 조각과 가장 싸게 살 수 있는 깡통 음식이 전부인 점심은 노동자들에게 게으를 수 없는 삶의 조건을 형성했다.

가장 대표적인 사회적 집단은 노동조합이다. 노조는 노동자들의 직업적 이해와 권리를 보장하는 대표 조직이다. 1824년 산업 혁명 시기에 영국에서 최초로 조직되었고 고용주를 상대로 임금 및 노동 조건을 협의한다. 공적 기관으로서 경제적, 사회적 기능을 수행한다.

콜리(Cooley)는 1909년 집단 구성원의 사회적 관계의 특성에 따라 1차 집단과 2차 집단을 구분했다. 1차 집단은 상호적 관계와 직접적 대면관계를 강조한다. 1차 집단은 소집단의 형태인 가족, 친구(동료), 이웃 등이 해당한다. 개인들은 1차 집단에서 사회적 삶을 최초로 경험한다. 집단 내 개인들은 강한 정체성을 느끼고 공감, 협력, 상호 원조의 관계에 지배된다. 1차 집단은 모든 형태의 사회에서 찾을 수 있다. 2차 집단은 효용성을 추구하고 구성원 간의 피상적인 관계를 특징으로 한다. 정당, 노조, 연합 등 대집단 형태의 이해 집단이 2차 집단에 해당된다. 2차 집단은 형식 집단으로서 조직의 기능을 명시하고 있다. 조직의 원칙에 따라 구성원들은 통제된다. 한편, 1차 집단의 구성원들은 비형식적이고 즉각적인 방식으로 통제된다(Etienne, 2002:182).

머튼(Merton, 1968/1997)은 객관적 기준과 주관적 기준에서 집단을 분류했다. 머튼은 개인들을 나이, 성별, 직업, 수입, 교육 수준 등과 같은 공통적 특징이 사회적 집단의 형성을 설명하지 못함을 알았다. 공동의 이해관계가 집단의 성립 요소였다. 따라서 우리는 사람들의 일시적인 회합을 사회적 집단이라고 말하지 않는다. 지하철을 탄 사람들, 공연장에

모인 사람들은 사회적 집단이 아니다. 베버(Weber)의 의미에서 살펴볼 때도 사람들의 단순한 회합은 개인의 동기, 이유를 가지는 사회적 행위가 없음으로 집단이 될 수 없다.

집단 구성원들은 상호적 관계와 오래전부터 정해져 있는 규칙에 복종하는 사회적 관계를 가진다. 그들은 스스로를 소속원으로 정의하고, 다른 사람에 의해 집단 구성원으로서 정의된다.

사회적 집단은 공통의 가치, 수단, 목적을 소유하고 공유한다. 대다수의 구성원들에 의해 만들어지는 가치, 의견, 법률, 규율, 제도는 지속적인 성격을 유지한다. 공통된 합의는 집단 구성원들의 행위에 대한 규범이나 규칙이 된다.

2. 사회적 합의의 형태

사회적 집단은 특정 이해관계에 근거하여 구성원들끼리 가치, 규범, 제도를 공유하는 무리이다. 사회적 집단이 공유하는 가치, 규범, 제도는 시대와 사회마다 다양하다. 사회적 집단이 합의하여 공유하는 삶의 형태는 시대별, 역사적, 사회문화적 다양하고, 지위와 역할별로 다르다.

뉴질랜드 마오리 부족(사회적 집단)은 외부 집단과 처음 대면할 때, 적과 아군을 구분할 목적에서 고대로부터 이어져 오는 그들의 대면식(사회적 합의)을 실행한다. 부족장을 비롯한 부족민들은 대오를 맞추고 창을 들어 군무를 춘다. 외부 집단이 서 있는 방향으로 창을 찌르고, 으르렁거리는 목소리와 탕탕 힘차게 내딛는 걸음으로 단결된 집단의 위엄 있는 공격성을 드러낸다. 그들은 신체적 언어를 사용하여 위협과 공포를 생산한다. 마오리족은 혀를 길게 늘어뜨리고, 눈을 부릅뜨고, 얼굴에 색칠을 하고 동물의 포효와도 같은 소리를 내며 가장 공격적인 모습을 통해 외부집단을 향한 위엄을 충실하게 전달한다. 공격적 의식이 끝나면 외부 집단 앞에 고사리 잎이 놓여지는데 이때 외부 집단이 고사리 잎을 발로 밟으면 적, 손으로 잎을 들면 아군이 된다.

21세기 우리가 살고 있는 현대 사회에서 외부 집단과 대면할 때 사회가 합의하고 있는 행위의 형태는 주로 언어적 행위이다. 신체의 사용은 상당히 제한적이며 제한적 사용조차 위협과 공격성을 표출하는 데 쓰이지 않는다. 상대에게 최대한 공손하고 신뢰 있는 인상을 주기 위해 상냥한 미소와 예의바른 태도를 취한다. 필요에 대해 다양한 수사로 상대방에게 의사를 전달한다. 우리 안의 야만성을 감쪽같이 잘 숨겨야 사회적 합의를 잘 이행하는 교양인이 된다.

마오리족이 사는 시대의 사회가 승인한 합의체계는 21세기 자본주의를 사는 우리와 다르다. 왜일까? 고대시대의 부족민들과 21세기 현대를 사는 우리에게 신체와 자연물을 사용하는 형태와 의미가 이토록 다른 이유가 무엇일까?

땅의 확장을 통해 자급자족 경제 체계에서 생존해야 했던 부족 사회는 오늘날처럼 사적 소유권을 인정받는 법적 제도가 마련되지 않았다. 추상적 법 제도의 테두리가 아닌 자급자족의 생존 형태가 외부의 자극에 대한 사회적 합의 형태를 결정하는 원인이다. 자급자족의 생존은 물리적 힘으로써 나의 영역을 지키고 너의 영역까지 침범할 수 있는 사회적 합의를 만든다. 반면 21세기의 개인들은 누군가에 의해 자신의 노동력이 구매되어야 생존할 수 있다. 자신의 노동력이 구매되게 하는 과정에서 개인은 자본이 강제하는 방식을 수용한다. 임금 노동이 사회구조적 특징인 자본주의 체계에서는 상냥하고 공손하고 수동적이고 복종적인 자질을 가진 사람들을 원한다. 물질과 자본 생산에 기여하는 자질이 개인이 선택해야 하는 사회적 합의의 가치가 된다. 이것은 자기개발 논리로 조건화된다.

3. 사회적 합의

사회 집단의 이해관계에 따른 규칙, 행동 규범을 제도화하는 사회적 합의는 무엇에 근거할까? 사회적 합의의 타당성과 합법성은 어떻게 부여될까?

사회적 집단의 합의란 구성원들이 공통의 이해관계에 수단과 목적을 결정하는 과정을 말한다. 사회적 합의는 수단과 결과에 대한 합의이고, 사회적 경험으로써 축적되고, 경험은 지식이 되고 과학이 된다. 사회적 집단의 지식은 일상적 지식으로서 믿음과 강력하게 연결되어 있다 (Boudon, 2011).

사회적 집단은 구성원들의 결속을 위해 이데올로기가 필요하다. 근대의 믿음과 가치는 개인주의와 과학적 합리주의였으며, 그것은 삶의 질을 개선할 수 있다는 발전주의와 낙관주의와 관련되어 있다. 발전과 생산 논리는 자연과 인간을 통제하고 조정할 있다는 믿음에서 사회적 가치가 되었다.

1) 개인주의

개인의 이해관계가 증가하면서 팽창한 개인주의는 사회적 합의의 중요한 근간이 되었다. 근대 사회에 들어와 상업과 과학이 발달하면서 생산량이 증가하고 경제적 발달이 이루어졌다. 개인의 경제적 이해가 확산되면서 개인주의가 크게 발달하기 시작했다. 경제적 개인주의의 발달은 특정 사회 집단인 부르주아 계층을 형성했다. 개인주의는 자유주의 사상과 권리 인식을 이끌고, 빈곤과 폭력 등 사회 불평등 문제를 낳았다.

2) 과학적 합리주의

과학적 합리주의 정신의 발달은 근대 과학의 출현과 밀접하게 관련된다. 근대 과학적 환경에서 발달된 합리주의는 목적에 부합한 결과를 산출할 수 있는 수단의 사용과 관련된다. 베버(Weber)의 표현으로 '마법(désenchanter)에서 풀린' 세상(합리적 세상)은 지식과 행동을 수단화하여 세상을 통제하고 지배하는 방식이다.

합리주의는 유럽의 산업 자본주의 출현과 관련된다. 합리주의는 상인들에 의해 조직된 회계, 은행 신용, 유통 등의 발달로 가능했다. 상인들은 상업 활동의 효율성을 높이기 위해 상업 활동의 합리성을 도모했다. 합리성은 효율성의 동의어이다. 상업과 산업의 발달로 전통 규범은 퇴색된 반면 평등, 인류애 등 계몽주의 가치관은 성숙되었다.

합리주의 사고는 발전 개념과 밀접하게 연관되어 있다. 합리주의 방법은 경험적으로 증명된 지식의 축적과 과학적 자료를 통해 구성된다. 공동체에서 유지되는 과학의 개념은 지적 훈련(실수, 노력, 이론, 경험적 사실, 실험)을 통해 부분적이고 일시적인 진리(결과)를 만들고 대다수가 그것을 인정하여 합의하는 방식으로 구축된다(Boudon, 2011).

4. 과학주의와 윤리

과학적 합리주의는 목적을 위해 수단의 효율성을 강조하는 태도이다. 그중 기술 과학은 가장 강력한 합리적 수단이다. 과학의 수단화는 목적 달성을 위해 과학 법칙의 무분별한 적용 현상을 낳기도 한다. 그 결과 인간과 도덕은 과학적 효율성 앞에 내동댕이쳐진다.

오늘날 세계적인 웹사이트 구글(Google)은 그들의 기술을 특정 정부에 유리하게 사용할 수 있도록 제공하고 있다. 중국 정부는 인권, 민주주의, 종교를 탄압할 목적에서 관련 웹사이트와 검색 엔진을 차단하고, 구글은 중국 정부의 요청을 받아들여 과학 기술을 인간의 권리를 통제하는 반인륜적 행위에 사용하고 있다. 뿐만 아니라 구글은 인간 삶의 질서를 위협할 미래 기술 연구를 진행 중이다. 살인무기 인공지능(AI) 로봇 개발, 생명연장 프로젝트와 같은 비윤리적 연구가 비밀연구소에서 실행되고 있기 때문이다. 국제기구는 인간 권리를 침해할 수 있는 기술 개발을 단속하지만 과학 기술의 무분별한 적용은 인간의 가치와 윤리를 앞지르고 있다.

과학주의에 대한 맹신은 역사적으로 증명되어 왔다. 과학의 성과가 가져다 준 과학에 대한 절대적 믿음은 인류를 살해하는 기술 병기(독가스, 원자 폭탄, 살상 무기 등) 개발을 용인했다. 양차 세계대전은 전쟁 무기 기술의 개발 성과를 보여주는 무대가 되었다.

과학 기술은 인간이 계획한 바를 마음대로 실행할 수 있다는 오만을 안겨주었다. 인간이 자연 세계를 지배할 수 있고 자연을 통제할 수 있다는 믿음은 과학 윤리성의 문제를 외면했다. 과학적 합리주의 이성이 반드시 인류의 발전과 인류애를 보장하지 않는다.

5. 과학적 합리주의와 자본주의 발전 논리

볼프강 작스의 『반자본 발전사론(2010)』과 수잔 벅 모스의 『발터 벤야민과 아케이드 프로젝트(2004)』는 과학과 과학적 합리주의가 삶의 영역에 어떻게 개입하여 진보의 신념(환상)을 심어주었는지 19세기~20세기 초 유럽 사회의 발전 현상을 통해 과학적 합리주의가 만든 자본의 세계관을 보여준다.

볼프강 작스는 『반자본 발전사론』에서 자본주의 발전 논리의 핵심을 과학적 지식과 합리주의라고 말한다. 작스는 과학적 지식이 어떻게 공적 영역에서 사회지배 이념이 되어 자본주의 발전 논리가 되었는지 설명한다.

과학적 지식이 발전 논리의 핵심이 된 것은 19세기 산업혁명 이후 유럽이 공업 도시를 확장할 목적에서 도시를 과학적 분석 대상으로 삼은 데서 가능했다. 과학은 도시 계획에 적용되어 이른바 건축의 테일러주의를 이루어 도시의 공간적·사회적 시각화를 이루었다. 뿐만 아니라 교통과 위생을 개선하고 빈민촌을 일소했다. 과학 기술 지식이 사회 변화를 주도하게 되면서 사회지배이념이 된 것이다.

과학적 지식은 사회 계획에도 적용되었다. 과학적 설계는 인구, 빈곤, 보건, 교육, 실업 등과 같은 사회 문제 분야에 도입되어 개인을 공익 차원에서 통제하고 관리하는 대상으로 여기게 되었다. 국가가 진보의 관리자로서 주민 복지와 질서를 책임지고, 삶의 규범화와 표준화를 제시하고 사람들을 사회화했다. 그 역할을 담당할 전문가(도시 공무원, 개혁가, 사회복지)도 생겨나기 시작했다. 사회 계획은 개인을 생식, 생산, 소비의 수적 대상으로 여겨 인간을 자본주의 생산 기제에 편입시켜 근대적 주체를 만들었다.

과학의 발전 논리는 자연과 사람을 도구로 여기는 착취 구조를 확산했다. 과학 주도국들은 선진 과학 기술 국가의 근대화 방식을 제3세계에 이식하고 농업 경제의 기계화를 도모했다. 그들은 원주민들의 자립 영농 행위를 만드는 경제적, 문화적, 사회적 토대를 무시하고 서구식 영농 기술을 규범화하면서 자본 착취 구조를 안착시켰다.

요컨대, 과학과 과학적 합리주의는 개인과 사회를 표준화하여 개인에게 효율적 삶의 방식을 강요한다. 자본주의 산업 사회에 부응하는 경제적, 문화적, 사회적 삶의 발전 논리는 개인들을 사회화시키는 이유가 되었다. 비록 과학적 계획이 합리적이고 객관적인 사회적 관계를 규정하는 것처럼 보이지만 그것은 인간이 원하는 대로 사회를 지배할 수 있다는 지배 권력적 세계관을 함축하고 있다.

『발터 벤야민과 아케이드 프로젝트』에서 공격하는 대상은 역사가 진보한다는 믿음이다. 벤자민은 우리의 삶이 나아진다고 생각할 수 있는 이유는 과학 기술의 발전 때문이며, 신화의 결정주의처럼 과학에 대한 맹목적 신념이 사회가 발전한다는 믿음을 조장한다고 말한다. 그는 과학과 역사 발전의 관계를 설명한다.

벤자민은 19세기 산업 발전이 삶의 진보로 간주된다면 자연의 발전을 역사의 발전으로 오해하고 진보를 무비판적으로 받아들이는(작가는 이를 신화적 믿음이라고 부른다) 태도 때문이라고 말한다. 산업과 기술의 발전은 생산 수단의 차원에서 실제적인 진보를 보여줄지언정 생산관계의 차원에서 계급 착취는 변하지 않았기에 진보가 아니라는 것이다. 벤자민은 테크놀로지의 진보와 역사의 진보를 구분한다.

벤자민에게 근대 도시는 산업 혁명이 가져다 준 물질적 상품과 웅장한 건물을 생산하는 전시장과 다름없었다. 19세기 아케이드는 자본가의 상품 물신주의의 실현이자 세계적 도시가 갖춘 근대성의 표본이었다. 세계에서 가장 근대화 된 도시에서만 열리는 만국 박람회는 자본가가 아니면 소유할 능력이 없는 진기한 상품을 전시하여 산업 혁명 이후 사람들에게 삶의 풍요를 증명했다.

그러나 첨단 과학 기술로 근대화된 도시는 착취와 불평등의 계급 관계와 생산 관계를 은폐했다. 그 속에 사는 사람이면 누구나 물질적 풍요를 누릴 것 같은 착각을 심어주었다. 모든 사람이 빈곤과 고통 없이 물질적 풍요를 향유하는 소비자로 존재했다. 하지만 농부들의 몰락과 빈농의 증가, 공장 노동자들의 착취된 삶과 같은 도시의 불평등 생산 구조는 심화되었다.

과학적 지식 설계는 오늘날에도 도시 계획과 도시 재생 영역에 적용되지만 여전히 인간 삶의 본질적인 진보를 이끌지 않았다. 고래로 우후죽순 생긴 산중턱 빈민촌의 담벼락에 무늬와 색이 입혀지고 문화적 공간으로서 사람들에게 각광받지만 사회복지지원금을 받고 사는 색칠된 마을 사람들의 사회적 격차는 개선되지 않고 있다.

3장

사회과학의 패러다임

1. 과학적 인식론

사회학은 개념과 방법을 끊임없이 왕복하면서 사회적 현상에 대해 진실을 밝히려 한다. 사회학은 과학적 정신을 실천한다. 모든 과학과 마찬가지로 사회학도 미래를 예측하려 한다.

사회학은 과학적 인식 체계를 가진다. 그것은 두 가지 구속적 논리를 따른다. 논리 체계의 내부적 구성을 강조하는 논리적 구속과 관찰된 사실에 비중을 주는 경험적 구속이다. 논리적 구속은 논리 체계를 구성하는 다양한 가설의 짜임이다. 이것은 논리적 긴밀성을 발견하고 구축하는 역할을 한다. 경험적 구속은 이미 인정된 사실과 양립되는 사실을 설명한다. 과학적 인식의 추상적 특성은 논리적 구속과 관련되고, 경험적 특성은 외부적 사실과의 관계에 해당한다.

독일 철학자 딜타이(Dilthey)는 연구 대상의 구성에 따라 자연과학(naturwissenschaften)과 정신과학(Geisteswissenschaften)을 구분한다. 자연과학의 대상은 안정적이고 불변적 모델이다. 정신과학의 대상은 일시적이고 고정적 형식에 국한될 수 없는 행위자의 다양한 경험이다. 정신과학을 다루는 인문사회학자들은 행위자가 겪은 경험의 의미를 이해하지만 자연과학을 다루는 과학자들은 의미를 이해(해석, 설명)하려고 하지 않는다.

2. 이론과 현상의 관계

사회적 현상은 과학적 인식을 가능케 하는 이론 속에 결합된다. 사회 현상에 대한 설명은 이론에 의해 공급되고, 이론은 명제(증명되지 않은 기본 가설)에서 출발하여 합리적인 방식으로 자료들을 구조화하여 설명한다. 명제는 패러다임, 즉 사고의 이론적 모델에서 정의되고, 패러다임은 연구 전체에 이론적 방향을 제시한다. 이러한 과학적 인식의 과정은 개별적 현상을 일반적(보편적) 현상으로 전환시킨다.

실증주의는 19세기부터 20세기 중반까지 인문자연과학의 기반이 된 사조이다. 실증주의는 인터뷰, 질문, 자료 실제 조사를 근거로 하는 경험주의 방법론이다. 사회학은 목격할 수 있는 사실(사회적 현상)에 대해 관찰, 비교, 실험을 통해 과학적 증명 과정을 따른다.

콩트(Comte)는 경험주의와 이론의 관계에 대해 절대적 경험주의는 불가능하며 관찰 없이(물리적 방법) 실증적 이론도 불가능하다고 주장했다. 이론은 사실을 관찰할 수 있게 해 주고, 물리적 태도는 실증주의 이론의 전제 작업이었다. 사회학은 이론을 통해 경험적 사실을 설명하고 인간과 사회에 대한 현상적 문제를 보편적 법칙에서 설명해야 하는 사명을 띤다.

사회학적 관계(사회적 현상)는 법칙으로 성립될 수 있다. 인간세계는 법칙으로 지배된다. 법칙은 현상과 관찰된 것들 사이에 존재하는 관계이다. 사회 현상은 이론에 의해 적용되고, 이론은 사회 현상의 끊임없이 변화에 사회적 삶의 방식을 이해하는 데 기여한다.

사회법칙은 감정과 별개의 물리적 본성을 띤다. 사회법칙은 불변항을 결정한다. 인간과 사회에 대한 정의가 쉽지 않고 그것의 획일적인 설명은 불가능한 측면이 있지만 사회학의 목적은 객관화된 대상에 대해 객관적인 담론을 생산하는 것이다. 객관화의 방식은 사회학 이론에 근거하여 다양화될 수 있다. 사회학은 과학적 지식체계를 선택하고 사회적 현상을 설명한다.

3. 사회학적 패러다임 : 방법론적 전체주의와 방법론적 개인주의

패러다임(paradigm)은 과학적 탐구와 일반적 연구에 방향을 설정해주는 개념적 틀이다. 패러다임은 미국의 물리학자이자 과학 인식론자 쿤(Kuhn)에 의해 정의되었다. 패러다임은 연구 전체에 이론적 방향을 제시한다. 사회학적 패러다임은 두 방법론에 의해 결정된다. 홀리즘(holisme)으로 명명되는 방법론적 전제주의와 방법론적 개인주의(individualisme)이다.

사회학의 패러다임

	홀리즘	개인주의
사회적 존재	사회 실재론	사회 명분론
사회학적 분류	자연주의, 경험주의, 결정주의, 객관주의	현상주의, 이해 사회학
연구 방법	사회(구조)가 개인의 행위를 결정한다. 외재성, 강제성, 구속력	동기, 이유, 의미, 주관성
연구 대상	사회적 사실	사회적 행위

1) 방법론적 전체주의 사회학

홀리즘(holisme)이라고 명명되는 방법론적 전체주의는 사회 기능의 규칙과 법칙을 찾는 데 주안점을 둔다. 사회적 규율과 개인 행동 사이를 규정하는 사회 구조에 주목한다. 방법론적 전체주의는 뒤르케임에 의해 고안되었다.

사회는 개인의 외부에 존재한다. 논리적 측면에서 개인 너머에 이미 사회가 존재한다는 입장이 사회 실재론이다. 실재론적 사회는 개인의 행동을 구속하고 강제하는 힘이 있다. 왜냐하면 사회는 개별적 개인이 존재하기 이전부터 역사적 문화적 기능을 가지고 존재해 왔기 때문이다. 따라서 사회의 기능과 규율은 개인의 행위와 감정에 영향을 미친다. 외재하는 사회가 개인에게 영향을 준다는 점에서 사회에 의한 결정주의, 구조주의라고 말한다.

뒤르케임의 방법론에서 개인의 행위를 결정하는 사회는 엄격하게 말해서 사회적 사실(fait social)이다. 사회적 사실은 개인 외부에 존재하고(외재성) 개인이 느끼고 생각하고 행위하는 방식으로 정의된다. 사회적 사실은 개인의 동기와 관계없이 사물처럼 연구되어야 하는데, 이것은 사회과학이 자연과학과 같이 객관주의 또는 자연주의 입장을 취한다는 의미이다.

사회과학의 연구 대상은 자연과학의 물질 연구와 분명 다르다. 인간과 사회는 다양한 경험으로 구성되기에 객관적 법칙을 도출하는 획일적인 설명이 불가능하다고 말할 수 있다. 그러나 방법론적 전체주의는 엄격한 과학적 인식 체계와 과정을 통해 사회구조를 자연과학처럼 객관적으로 분석할 수 있다는 입장을 취한다. 객관화된 대상에 대해 인과법칙을 도출하여 세상을 이해하려 한다.

(1) 사회 구조의 결정 방식

방법론적 전체주의의 관점에서 개인의 행동은 사회적 구조에 의한 결과이다. 사회 구조(정부, 가족, 법, 언어, 군대, 등)는 고유의 법칙에 의해 전개되는 역사의 산물이다. 개인은 그들의 부모, 출신에 따라 언어의 습득을 통해 세상을 읽고 해석하는 방식을 강요받는다. 공동체 의식은 개인 행위에 의미를 갖게 하고 집단적 의식을 제공한다. 집단적 의식은 시간의 변화에 따라 안정적인 구조를 가지고 개인은 사회적 내연화를 통해 사회적 개인이 된다.

개인이 사회적 삶의 기능을 수행하도록 사회의 규범, 가치, 역할을 체득하는 과정을 사회화라고 한다. 우리는 가정이나 학교, 직장에서 강요하는 생각, 감정, 행위 방식을 평생 훈련하며 습득한다. 사회화의 과정은 개인에게 주어진 사회적 지위와 역할에 의해 일어난다.

① 지 위

엄격한 의미에서 지위(status)는 사회 구조 속에서 개인이 점유하고 있는 사회적 위치이며, 역할(role)은 사회적 위치를 점유한 개인들의 행위를 말한다. 지위와 역할은 개인을 사회에서 기능하도록 사회와 연결시키는 작용을 하며, 개인적 행위를 사회적 행위로 전이시킨다.

19세기 영국의 메인(maine)과 스펜서(spencer)에 의해 처음으로 소개된 지위의 개념은 사회적 위치와 명예에 대한 개인들의 서열을 말하는 것이었다. 그러나 지위에 대한 명확한 이론을 정립한 학자는 린턴(Linton)이었다. 린턴(1936/2002:70~75)은 지위를 사회적 위치와 관련한 권리와 의무의 전체라고 정의한다.

개인은 여러 사회 조직에서 다양한 사회적 관계를 갖기 때문에 복수의 지위를 점유한다. 자식을 둔 여자는 남편의 부인이자 회사의 고용인, 노조원, 정당의 참여자가 될 수 있다. 머튼(Merton)은 이처럼 개인이 점유하는 복수의 지위를 지위다발(Status Set)이라고 부른다.

지위는 나이, 성, 부모 등 생물학적 특징에 의해 자연스럽게 주어진 부여(귀속) 지위와 어떤 사회적 위치를 획득하기 위해 개인의 노력과 활동에서 주어지는 획득(성취, 업적) 지위가 있다. 부여 지위는 젊은이와 노인, 남자와 여자와 같이 자연스럽게 부여된 지위를 말한다. 어머니의 지위는 자식이 있으면 자연스레 주어진다. 의사와 교수, 리더, 노조원 등은 그들의 노력과 활동에 따라 얻게 되는 획득의 지위에 해당한다.

지위는 수직적 관계와 수평적 관계에 따라 다양한 사회적 관계를 나타낸다. 공장장의 역할은 공장의 책임자로서 노동자와 수직적 관계이자 동료라는 동일한 지위에서 노동자와 평등한 관계이다(Etienne, 2002:272~277).

② 역 할

지위가 사회의 구조적 요소라면 역할은 기능적이고 역동적인 측면을 의미한다. 역할은 지위에 연결된 권리와 의무의 실행으로 여겨진다. 즉 교사이기에 그러해야 한다는 기대와 의무에 적합한 행위의 실현이다. 개인은 언제나 역할의 실천 영역에서 행위의 자율성을 가진다.

역할 행위는 역할의 규범적 행위(규범적으로 규정된 역할), 역할 기대 행위(상호간 기대된 역할 행동), 개인성(역할에 대한 실제적 행위) 중에서 선택된다.

머튼은 지위에 하나의 역할이 아니라 다양한 상호 작용의 역할이 관계하는 역할다발(Role set)을 설명했다. 교사의 지위는 다양한 관계에서 기대되는 역할을 가진다. 학생, 학부모, 동료, 교장은 교사에 대해 동일한 직업관을 가지지 않는다. 다양한 관계에서 기대되는 역할의 모순적 기대는 역할 실행에 대한 개인의 자율성을 유지하게 하는 방편이다.

역할 실행의 행위는 개인에 따라 다르다. 파슨스는 개인에게 역할에 대한 해석의 여지를 맡기는 것을 역할변이라고 한다.

역할에 대한 기대가 양립되면 역할대립이 발생한다. 육아를 전적으로 책임지는 여성 회사원의 경우, 시간과 상황적 조건 때문에 역할대립이 일어난다. 종교적 신념을 따르는 의사는 낙태를 거부하지만 낙태의 합법화는 역할대립을 발생시킨다(Etienne, 2002:272~277).

(2) 개인의 행위 방식

사람들은 사회 구조가 만들어 낸 조건화된 방식에서 교육이나 전통의 형태로 행위 방식을 습득한다. 사회는 다양한 삶의 단위들이 유기적으로 연관되어 기능하는데 이러한 단위들의 결합체로 독특한 구조를 가진다. 거기에는 개인들이 상호작용을 통해 만들어낸 사회의 집단성이 있다. 나는 한국에서 태어났고 나의 의지와 상관없이 한국 출신이며 한국어를 사용하는 환경에서 한국말을 하도록 구속되었다. 사회가 만들어낸 가치, 제도, 구조에서 인간의 행위가 어떻게 구속되고 결정되는지 몇몇 사례를 통해 살펴보겠다.

① 개인의 행복

백사장에서 해수욕을 하며 휴가를 즐기는 데 익숙한 외국인 부부가 한국의 해변을 찾았다. 한국의 바다 정취를 즐길 마음에 한껏 부풀어 오른 그들은 자국의 바다에서처럼 9월의 바다 속으로 뛰어들었다. 한국에서 해수욕을 경험하는 즐거움에 잠긴 찰나, 해수욕장 안전에 입각해 국가에서 정한 입수 기간 외 입욕의 경우는 불법임으로 그들은 이내 제재를 당했다. 외국인들은 현재 수온이 자신들에게 충분히 적절하여 해수욕을 지속할 수 있다는 표현을 했지만 그들은 더 이상 입수할 수 없었다.

외국의 해변은 입수 기간을 지정하지 않는다. 단지 누구나 볼 수 있게 해변에 수온계를 걸어둘 뿐이다. 수온에 따라 개인 각자가 자신에게 맞는 최적의 상태를 알고 바다로 뛰어들지 결정하여 해수욕을 즐긴다. 국가가 안전을 위해 엄격하게 규제하는 규율은 해변의 사계절을 통제하지 않는다.

법률(해양수산법)에 의해 해수욕의 개인적 행위를 조건화시키는 다양한 사회적 구조는 지극히 개인적인 쾌락(신체의 즐거움)의 행위조차 사회의 규제에 의해 통제되는 사실을 보여준다.

② 보행 문화

한국의 초등학교 교사는 방학 동안 서유럽 국가를 여행하기로 결정했다. 유럽 사회의 역사와 아름다움을 확인하는 여행 동안 교사는 조용하고 차분한 사회 분위기에 감탄했다. 사람들은 친절했고 여유로웠다. 이들에게 무엇인가 정신없이 일어나는 일들은 없었다. 그런데 이런 유럽인들에게 교사가 놀라움을 자아낸 지점은 아무 곳에서나 횡단하는 모습이었다. 이들은 굳이 멀리 혹은 가까이 떨어져 있는 횡단보도를 찾아 횡단하지 않았다. 심지어 차가 없으면 보행 금지 신호에도 횡단보도를 건넜다. 신호가 없는 경우도 허다했으므로 보행자는 자유롭게 횡단하기 일쑤였다. 교사는 유럽인의 무질서에 혼란스러움을 느꼈다.

그런데 교사에게 더욱 충격적이었던 장면은 횡단하는 보행자를 발견한 차량의 운전수들이 어떤 거부감도 없이 무조건적으로 차를 세우고 보행자가 길을 건너갈 때까지 인내심 있게 기다리는 상황이었다. 불법행위를 하는 보행자들을 향해 운전자가 소리를 지르거나 위협을 가하면서 보행자들에게 차를 들이밀고 경적을 울리지 않았다. 어떤 경우에서든 보행자들이 길을 횡단하도록 운전자들은 기다려주었다. 그야말로 보행자가 왕이었다.

보행자 우선 가치가 무엇보다 강조되는 것은 폭이 좁은 1차선이나 2차선이 많은 유럽의 특수한 도로 환경에서 오랫동안 형성된 집단 문화 때문일 것이다. 짧은 도로에서 횡단보도를 통해서만 길을 건너야 하는 규정 자체가 오히려 비합리적이고 비상식적이기 때문이다.

어느 사회이건 운전자와 보행자의 안전을 위한 교통체계에 대한 사회적 합의가 있어 왔다. 운전자와 보행자의 안전은 모두 중요하지만 한국과 유럽 국가가 가진 가치는 다르다. 횡당보도를 걷고 있는 보행자의 걸음을 독촉이라도 하듯 차량을 꿀렁꿀렁 보행자에게 들이대고 심지어 대학 캠퍼스에서조차 횡단보도 앞에서 멈추기는커녕 속도를 줄이지 않는 차량이 허다하기 때문이다.

보행자의 준법정신을 차량의 통제보다 우선하고 준법 행위의 순간에도 보행자를 향해 돌진하는 차량을 용인하는 사회적 분위기는 한국 사회가 갖고 있는 사람보다 차가 우선된 가치, 그리고 무엇이든 '빨리빨리'여야 하는 속도주의를 보여주는 것이다.

2) 방법론적 개인주의

방법론적 개인주의(Individualisme)는 사회적 현상을 설명하기 위해 인간 행위의 동기 및 이유에 주목하고 모든 사회현상을 개인의 행위 결과로 설명한다. 모든 사회 현상이 개인에 의해 판단되고 선택된 행위의 결과이기에 사회의 역할은 실재 존재하지 않는다(사회 명분론). 방법론적 개인주의는 베버에 의해 주창되었다.

방법론적 개인주의는 개인 행위를 설명하기 위해 개인의 내적 동기를 이해하여 인과적으로 외적 행위를 설명하는 방식이다. 외적 행위가 똑같아도 행위의 내적 동기는 다를 수 있다. 예컨대, A와 B가 똑같이 지하철 자리에서 일어났지만 A는 목적지에 도착하여 하차할 목적이었지만 B는 노인에게 자리를 양보할 목적일 수 있기 때문이다.

방법론적 개인주의가 개인 행위의 동기와 이유를 이해하고 설명한다는 점에서 이해 사회학이라고 명명한다. 이해 사회학의 대상은 사회적 행위다. 사회적 행위란 타인과 관련한 인간 활동이며, 행위의 의미는 다양한 상황에서 행위자가 맺는 사회적 관계에서 발생한다. 이해 사회학은 행동주의와 행동 정신심리학에서 영향을 받아 개인과 개인, 개인과 집단, 개인과 사회의 관계 구성방식에 주목한다.

이해는 인간의 행위가 수단 혹은 목적과의 연관성에서 파악될 때 가능하다. 명확하게 의미를 파악할 수 있는 경우는 논리적 상황에 연결되어 있는 의미맥락에서이다(베버, 2017:13~17). 의미맥락에 대한 이해가 실제 행위를 이해할 수 있는 '설명'이다(베버, 2017:20).[1]

이해 사회학은 개인 행위의 동기, 즉 개인이 자신의 행위에 부여하는 주관적 의미와 어떤 일반적이고 보편적인 행위의 지향점을 종합적으로 설명한다. 개인은 행위의 이유와 사회적 가치에 해당하는 합리적 근거가 있다.

베버는 개인의 사회적 행위의 근거를 4가지 이념형에서 설명한다.

① **목적적 합리주의 행위** : 행위자가 객관적 상황에 근거하여 수단, 결과, 목적을 합리적으로 성찰한 행위

② **가치적 합리주의 행위** : 행위자가 중요시하는 가치와 절대적 조건(민족, 종교)을 판단하여 행위 하는 유형. 개인의 가치에 따른 행위는 합리적 행위에 포함한다.

③ **전통적 행위** : 행위자는 전통적 가치에서 역사적으로 결정된 행위

---

1) 의미의 적합성은 경험적 증명과 동기의 설명이 논리 정연해야 한다. 경험적 관찰을 통한 명확한 해석이 그것이다.

를 따른다.

④ **감정적 행위** : 행위자는 복수, 기쁨, 희생 등 감정과 본능이 원하는 행위를 한다.

방법론적 개인주의는 개인적 행동을 결정하는 방식에 질문한다. 개인의 행동과 의미 교환에 관심을 둔다. 의미는 다른 사람들의 행위에 지향되어 있다. 개인 스스로가 행위에 부여하는 주관적 의미는 사회적, 문화적 과정에서 (비)합리화된 사회적 측면을 포함하고 있다. 방법론적 개인주의는 개인이 부여하는 주관적 의미의 행위에서부터 사회적 행위의 일반성을 설명한다.

(1) 개인 행위의 의미

개인은 합리적 성찰을 통해 수단과 방법을 선택하여 목적 지향의 행위를 한다. 또한 올바른 가치의 합리적 조건에 의해 행위를 결정한다. 그러나 개인의 행위가 항상 합리적이지만은 않다. 개인은 관습적으로 내려오는 전통과 즉흥적으로 발산되는 감정에 의해 자신의 행위를 결정한다.

개인들의 차별성과 주관성은 그들이 우선적으로 선택하는 행위에서 판결난다. 개인의 이해관계, 목적, 가치에 따라 개인이 선택하는 사회적 행위가 어떻게 드러나는지 아래의 사례에서 이해해보자.

① 대학생들의 행위 선택

A는 열망하던 대학에 합격했다. A는 원하는 대학과 학과 입학이 미래에 자신이 꿈꾸던 삶을 실현하는 데 기여할 것이라고 생각했다. 그래

서 모든 수업에 출석하며 열정적으로 대학 수업을 해 나갔다. B는 그렇지 못했다. 지금의 대학과 학과를 특별히 갈구하지도 않았지만 그렇다고 다른 선택을 할 뜻도 없었다. A만큼 만족스럽게 대학 생활을 하지 못해도 B는 성실하게 수업에 참여했다. A와 B에게 열정의 차이가 있을 뿐 이들은 학점 이수의 목적에 따라 대학에서 요구되는 합리적 행위를 선택했다.

C와 D는 단 한 번의 결석만으로도 학점 이수가 불가능한 상태였다. 그런데 C와 D의 부모님이 경미한 교통사고를 당하셨다. C는 부모님의 입원 소식을 접하자마자 수업을 포기하고 병원으로 향했다. 그러나 D는 학점을 이수하려는 목적에서 수업에 참석했다. 경미한 사고일지언정 C에게 부모님의 안전 확인이 우선이었고 D에게는 학교 수업이 우선이었기 때문이다. C와 D는 가치론적 판단에서 다른 행위를 선택했다.

E는 수업 시간이 매우 따분했다. 그래서 교수의 출석 체크가 끝나면 강의실을 살그머니 빠져 나와 캠퍼스를 배회했다. 어렵고 관심 없는 수업을 할 때면 책상에 엎드려 잤다. E에게 대학은 학생으로 완수해야 할 임무를 부여하는 동기를 제공하지 못했다. E는 대학에서 열심히 공부해야 할 의미를 갖지 못했다. 그가 원하던 전공이 아니었기 때문이다. 그래서 수업을 듣고 싶으면 듣고, 결석을 하고 싶으면 하는 호불호의 감정에 따라 행위했다.

F는 대학 기숙사 생활을 한다. 다른 지방에 소재하는 대학에 합격하면서 집을 떠나왔기 때문이다. F는 명절이 되면 의례적으로 고향에 내려가 가족들과 시간을 함께 보낸다. 기숙사에 남아 시험 준비를 하거나 해외여행을 갈 수도 있지만 가족이 모여 명절을 함께 보내는 전통에 수긍

하여 고향 집에 가는 것이다.

② A 여성 장관의 행위 선택

한국 사회에서 50대 여성이 고위직에 종사한다는 사실은 사회적 상징성을 가진다. 그녀가 성장기를 보냈던 1970년대 한국은 경제개발계획이 진행되었으나 여전히 가난했고 국가 빈곤 상태를 탈출하고자 사회 곳곳에서 몸부림이 일었던 시대였다. 잘 살아보자는 경제적 현안 앞에 공부를 한다는 것은 사치였고, 더구나 강력한 남아 선호사상 때문에 여성들은 집안에서 애지중지하는 '오빠', '아들'에게 모든 기회와 혜택을 양보해야 했다. 한 집안에서 여성이 고등교육을 받는다는 사실 자체가 개인 능력의 유무와 상관없이 쉽지 않았던 시대였다.

그런데 우리의 주인공 A는 부유한 가정 탓에 공부를 할 수 있었다 하더라도, 개인의 타고난 학습 능력 탓이었을지라도, 국가 빈곤 상태, 남녀차별 사회, 지적 차별의 학교 사회에서 한국 사회의 비전형성을 보여주는 지적, 경제적, 사회적 상징이 틀림없다.

A는 한국 최고의 대학을 졸업하고 학벌 사회가 가져다주는 상징적 부와 명예를 획득한 후 미국 유학을 떠난다. 그곳에서 국제자격증시험에 합격하여 세계적 무대에서 활동할 수 있는 자격을 갖춘 전문가가 되었다. 자신의 학습 재능으로 세계적 무대에 입신하는 데 이만큼 경이로운 이력이 또 있을까? 그런데 그녀는 또 하나의 능력을 얻게 된다. 기혼녀가 독점적으로 획득할 수 있는 권력인 남편. A는 여성의 신분 상승을 가져다주는 사회적 지위를 가진 남자를 만났고 결혼했다. 세상은 뛰어난 인재를 알아본다고 했던가? 엘리트 계층으로서 경제적, 문화적, 사회적

자본을 모두 획득한 그녀에게 국가 요직의 자리가 제안된다.

대통령의 최측근에서 공무를 수행하던 A는 반정부적 성향의 인물을 가려내는 불법적 업무에 가담한다. 공공의 이익과 가치를 지켜야 하는 국가 요직 인물이라면 공적 가치를 실행하는 의무감을 견지해야 하지 않았을까? 대통령의 지시일지언정 그것이 위법적 사항이었다면, 우리 모두에게 합당하지 않다고 직언해야 하지 않았을까? 도대체 그녀의 행위 근거는 무엇이었을까?

그녀의 반가치적이고 위법적인 행위의 동기는 분명 생계 문제 때문이 아니다. '먹여 살려야 할 식솔'로 이해되는 굴종의 합리화는 이 경우에 성립되지 않는다. 그녀와 그녀의 남편 능력은 생계의 위협은커녕 새로운 고용도 창출할 수 있는 수준이었다. 그렇다면 왜 그녀는 비윤리적, 반사회가치적, 범죄적 업무를 수행했을까? 수단을 가리지 않는 출세 지향주의, 관료 내부에 쌓여 온 관행 때문이다. 틀린 것을 틀렸다 말하지 않는 관료주의 사회에서 개인의 복종은 권력자의 눈 밖에 나지 않고 개인의 사회적 명예와 기득권을 지속할 수 있는 수단을 획득하는 목적 합리적 행위로 이해될 수 있다.

목적 합리적 행위는 행위자가 목적, 수단, 결과를 합리적으로 고려하는 태도이다. 이때 서로 경쟁하고 충돌하는 목적이나 결과의 선택은 개인의 가치에 따른 결정일 수 있다. 목적 합리성(출세 지향주의, 관행적 역할 수행)의 태도를 고려할수록, 고유 가치(신념, 선, 의무, 미)에 대한 가치 합리성의 태도를 지향할 줄 모른다. 자신의 목적을 위해서라면 어떠한 것도 수단이 되는 태도는 가치 합리적 행위의 지향과 다양한 관계에 있을 수 있다.

4. 사회와 개인 : 개인보다 사회? 사회보다 개인?

방법론적 전체주의 입장에서 사회는 중요하다. 개인들이 연합하여 형성한 사회는 개인들의 총체로서 독특한 집단성을 가진다. 이렇게 만들어진 사회 제도와 조직은 개인이 행위하고 느끼고 생각하는 방식에 영향을 미치기에 개인은 사회가 만든 규범, 법, 가치의 양식에 따라 태도와 행위를 결정한다. 개인의 행위란 결국 사회적 구조에 따른 결과물인 것이다.

그렇다고 방법론적 전체주의 입장에서 사회가 개인보다 우선하는 존재일까? 대답은 아니다. 사회는 개인들이 연합하여 형성하는 다양한 삶의 단위(가족, 학교, 군대 등)로 구성된다. 수많은 개인들의 상호작용이 있어야 새로운 하나의 사회가 있을 수 있다. 이때 사회는 개인이 행위를 통해 집단성을 생산하는 존재로서 중요해진다. 사회는 전체적인 실체와 의미라기보다 개인이 사회와 기능적, 유기적 연대를 통해 만드는 질서체제로서 의미가 있다(김덕영, 2016:179~186). 방법론적 전체주의는 사회의 '사회적인 것'에 대한 의미의 중요성을 개인의 행위보다 부각시키는 관점이다.

방법론적 개인주의 입장에서 사회는 개인보다 우선하는 존재가 아니다. 사회라는 집합 개념은 행위의 주체가 아니기에 존재하지 않는다. 사회란 개인들의 다양한 삶의 질서를 초월한 전체가 아니라 개별적 영역과 상호관계에서 분석되는 대상이다. 개인의 행위가 사회 구조를 설명한다는 입장이다.

방법론적 개인주의는 개인이 행위의 의미를 창출할 수 있는 자율적인 존재라는 점에 방점을 둔다. 개인은 행위의 구조와 구성 요소, 행위의 과정과 결과, 행위의 내적, 외적 조건과 상황을 의식적이고 합리적으로 해석, 판단, 통제하는 능력이 있다. 방법론적 개인주의는 개인이 행위를 한다는 측면에서 사회보다 개인을 우선한다.

베버의 방법론적 개인주의에서 사회적 단체와 조직은 사회적 행위와 관계를 조정하는 기능을 하지만 뒤르케임의 방법론적 전체주의처럼 개인의 행위에 결정적인 역할을 하지 않는다. 그러나 방법론적 개인주의에서 사회적 제도와 조직이 사회적 행위와 관계를 조정하고 개인 행위의 지향점이 된다는 점에서 '사회적인 것'이다. "사회적 행위는 개인의 유의미한 행동의 근거가 되는 의미 복합체다. 사회적 관계란 의미에 따라 서로 상대방에 맞춰 방향을 정한 다수의 행동을 뜻한다. 사회적 관계(사회적 제도)의 존재 이유는 다수가 일정한 방식으로 사회적 행위를 할 개연성이 있기 때문이다"(베버, 2017:55). 방법론적 개인주의의 개인의 행위가 그것을 결정짓는 의미에서가 아닌 행위가 조절되고 규제된다는 의미에서 사회적 맥락에 놓여있다. 개인의 사회적 행위도 결국 '사회적인 것'에 영향을 받는다.

뒤르케임의 전체주의와 베버의 개인주의가 사회의 실체를 구조의 기능과 행위의 실체적 측면에서 구별하지만 두 방법론 모두 '사회적인 것'에 주목하는 것은 공통적이다.

5. 사회적인 것

두 방법론은 '사회적인 것'의 관계에 대한 인식이 개인의 삶에서 어떤 태도로 작용할 수 있을지 설명할 수 있다.

방법론적 개인주의 관점은 개인의 상황에 대한 결과를 자기 내부 원인에서 찾도록 요구한다. 반면, 방법론적 전체주의 관점은 사회적 상황과 구조에서 개인에게 닥친 현실을 이해하게 한다.

전자의 경우, 개인 자질과 능력을 개발하는 데 개인의 의지, 노력, 통제력을 쏟을 것이다. 좋은 사회가 개인의 삶에 필요 기제가 된다는 사회적인 것에 대한 인식보다 개인의 실력과 능력을 강조하여 철저한 자기 개발 논리에 안착한다. 그래서 우리가 사는 경쟁사회에서 자신이 점유할 수 있는 위치는 자기와의 승부의 결과라고 믿는다. 사회 구성원에 대한 희생, 배려, 합당한 사회 가치관 등은 결여되어 있고, 각자도생의 태도의 비사회적인 태도와 개인 삶의 영역에서 영광과 안위를 추구한다.

후자의 경우, 개인의 적극적 의지와 노력이 자신의 상황을 개선시킬 수 있다는 자세보다 처해진 환경과 사회의 모순을 탓하는 데 열중한다. 이들은 사회에 대한 무모한 요구와 비이성적 비판을 쏟아내며 자신의 삶에 운명주의 태도를 취한다. 개인의 역할과 능력은 사회의 탓에 무용지물이 된다. 이들은 진취적이고 긍정적인 올바른 자질과 태도 함양을 갖지 못한다.

사회적인 것에 대한 인식은 사회질서체제 관계 속에서 인간과 가치에 대한 균형 잡힌 인식을 제공한다. 뒤르케임은 이성이란 말 대신 '사회적 사실'이란 표현으로 개인이 실천적 행위를 통해 얻은 이성의 결과, 개인은 사회적 현실에서 무엇이 옳고 그른지 개인 행위와 사고의 사회화에 규범적 구속력에 느낀다고 주장한다(Jonas, Larousse, 1991:244~245). 이성적 경험(합리적 설명, 경험, 실제 결과)에 따른 '사회적인 것'에 대한 인식은 개인과 사회가 공유해야 할 올바른 이성을 개인에게 제공할 수 있다.

개인이 함양하는 사회적 의식과 사회 전체의 수준은 '사회적인 것'에 대한 인지와 성찰에서 결정된다. 사회적인 것에 대한 성찰은 이성적 과정을 통한 꾸준한 훈련으로 가능하다. 사회의 관계 질서, 즉 사회적인 것에 대한 인식은 개인의 사회적 의식 수준뿐만 아니라 사회 전체 수준을 성숙시켜 우리 모두가 인간답게 살 수 있는 가치들을 공유하는 첫 걸음이 된다. 한 사회가 가지고 있는 개인과 사회에 대한 인식은 그 사회의 성숙도를 보여준다.

4장

사회과학 방법론

1. 인간과 사회를 증명하라

인간과 사회를 어떻게 증명할까? 사회과학은 그것을 어떻게 드러내 보일까? 앞 장에서 우리는 사회학이 인간과 사회를 과학적 방식으로 이해하는 학문이라고 정의했다. 사회학은 과학적 지식체계를 선택해 사회 현상을 해석한다. 19세기와 20세기 초 대표적인 사회과학 방법론은 실증주의였다. 실증주의는 계량화와 수치화를 추구하는 경험주의 방법이다. 실증주의는 보편적이고 일반화된 법칙과 불변의 법칙을 도출하는 과학적 방법론이다.

실증주의 사회학은 양적 방법과 질적 방법을 선택해 인간과 사회를 증명한다. 설문지(질문지), 통계를 이용하는 양적 방법론은 객관적 사실

자연과학적 방법론	사회과학적 방법론
1. 연구 목적, 대상 설정 2. 가설 3. 실험 4. 가설 확인 : 결론	1. 연구 목적, 대상 설정 2. 가설 3. 증명 : 양적-질적 분석 4. 가설 확인 : 결론

에 중점을 두는 방법론이다. 면접 및 관찰의 방법을 사용하는 질적 방법론은 연구 대상자의 주관성을 반영하는 증명 방법이다.

사회학적 조사와 연구를 시작할 때 우리는 연구 대상에 대한 분명한 연구 목적을 가져야 한다. 연구 목적에 따라 연구 조사의 질문과 가설이 결정되기 때문이다. 사회학은 가설을 세우고 실험을 통해 가설을 입증한다. 알고자 하는 사실을 증명하는 단계에서 우리는 연구 목적과 관련된 문서, 통계, 설문지, 인터뷰, 관찰 등 경험적 사실을 수집하고 분석한다. 경험적 사실의 분석을 통해 원인과 결과의 관계 질서를 찾아 질문에 대답하고 결론을 도출한다. 이때 경험적 현상이 과학적으로 인식되도록 사회학 이론을 도입한다. 이론은 특수한 경험적 사실이 일반적 법칙이 되는 데 기여한다.

2. 방법론적 일원성과 이원성

사회 현상을 연구하는 방법이 자연과학 연구 방법과 동일하다는 입장이 방법론적 일원성이다. 이것은 인간과 사회가 구체적 사실(경험적 증거)을 바탕으로 인과 법칙에 의해 객관적으로 설명될 수 있고 어떤 사회에서든 유사 현상을 일괄적으로 설명할 수 있다는 입장이다. 방법론적 일원성의 관점에서 사회과학은 자연과학과 마찬가지로 경험을 증명하고 원인과 결과를 찾아 보편적 진리를 도출할 수 있다.

방법론적 이원성은 인간과 사회가 인과 관계가 아닌 상관 관계(개연성)로 설명된다는 입장이다. 인간과 사회 현상은 자연 현상의 끓는점처럼 정확하지 않다. 인간 세계는 법칙에 의해 지배될 수 없다. 사회 현상을 발생시키고 이해하는 데 연구 대상이나 조사자의 주관성과 가치가 개입되기 때문이다.

사회과학은 일원성과 이원성의 방법론적 차이를 해결하고, 객관성과 주관성을 확보할 목적으로 양적 방법론과 질적 방법론을 선택했다. 두 방법론은 연구 조사의 목적과 문제의식에 따라 물질적 자료를 획득하는 방법이다. 양적 방법론은 통계, 자료, 문헌 등의 양적 수치화에 근거한 자료이고, 질적 방법론은 연구 대상을 관찰하고 그들의 의견을 인터뷰한 사실에 근거하는 자료이다.

3. 질적 방법론의 이해

1) 관 찰

관찰은 눈에 보이는 것을 조사하는 방법이다. 관찰은 개인과 사회의 형태적 측면을 관찰 대상으로 삼는다. 그래서 관찰의 유효성은 현장에서 목격하는 사실을 얼마나 정확하게 세세하게 묘사하느냐에 달렸다. 관찰은 사회 현상을 있는 그대로, 사실적으로, 객관적으로 묘사하는 능력을 요구한다. 최고의 관찰은 관찰하는 대상을 생생하게 요약하는 것이다.

관찰이 완료되면 인과 관계를 통한 설명이 이루어져야 하는데, 관찰 내용이 설명되려면 이론(지식)과 결부되어야 한다. 사회과학적 이론(지식)과 증거를 충족해야 관찰은 과학적 사실을 도출하는 방법으로서 신빙성을 갖게 된다. 관찰은 특정 사실을 설명할 때 구체적 사실이 되며 인과적 설명을 일반화하는 증거가 될 수 있다.

(1) 관찰의 유효성 : 사회적 의미 체계

관찰은 사회적 의미(질서) 체계를 설명한다. 관찰을 통해서 이해될 수 없는 행위나 질서체계가 있을 수 있을까?

공간은 있는 그대로 우리 눈에 보인다. 그러나 공간은 무의미한 질서 체계로 구성되지 않는다. 직장인들의 사무실은 단순히 직원들의 선호도를 반영한 공간 구성이 아니다. 사무실은 수직관계와 명령체계에 지배된다. 직원들의 책상은 지위와 업무에 따라 달리 배치된다. 직위가 높은 사람들은 일반적으로 독립된 사무실을 가지고, 평직원과 팀장의 책상은 같은 공간에 배치된다. 수직적 서열 구조가 완화된 사무실에서도 직위에 따른 공간 구성은 이루어진다. 팀장의 책상이 직원 책상의 중앙에 주로 위치하기 때문이다. 우리의 공간은 인간관계의 보이지 않는 질서 체계에 의해 구성된다.

인간의 행동과 몸짓은 어떨까? 그 또한 무의미한 행위 체계가 아니다. 세상을 바라보는 관점이 일상적 말투, 행동, 몸짓에 담겨있기 때문이다. 뉴질랜드의 마오리족은 낯선 집단과 마주치는 순간이면 눈을 크게 부릅뜨고 포효하며 혀를 길게 빼서 상대에게 위협감을 준다. 자신의 몸을 통통 쳐서 건장함을 과시하고 창을 높이 들어 상대방이 있는 허공을 향해 힘 있게 찔러 보인다. 마오리족은 신체 및 자연물을 이용하여 어떤 의미를 전달하고 있다. 마오리족의 몸짓은 상대가 적군인지 아군인지를 분별하는 사회적 행위이다. 그것은 법적 제도로 영토와 개인의 안위를 보장하지 못했던 전통 부족 사회에서 외부 집단을 솎아내는 삶의 양식으로서의 사회적 행위이다. 오늘날을 사는 사람이 이 행위를 보노라면 그 의미를 찾는 데 적잖은 어려움이 있다. 왜냐하면 마오리족에 대한 지식이 동원되지 않으면 그들의 행위 체계의 의미를 이해하지 못하기 때문이다.

우리는 행동과 몸짓을 잘 관찰해야 전달하는 의미를 이해할 수 있다. 많은 관찰(상사의 사무실은 독립된 공간이 따로 있다/마오리족은 땅바닥에 고사리는 내려놓는다)은 지식의 축적을 가져다준다(위계 서열에 따른 사회적 신분 분별이다/마오리족은 타 집단을 적과 아군으로 구분하는 방법이다). 관찰은 기록 문화가 부재한 인류학, 민속학에서 크게 발달했다. 관찰을 통해서 우리는 말이 통하지 않고 글이 없는 세상의 사람들을 이해할 수 있다. 관찰은 우리에게 사회적 질서체계의 의미를 알게 해 준다.

(2) 있는 그대로, 보이는 모든 것을 묘사하라

관찰은 보이는 것을 기록하고 요약하는 기술의 총합이다. 관찰은 외부 정보에 대한 세세한 기록이다. 보는 것과 그에 대한 느낌을 최대한 자세하고 명확하게 기록(표현)해야 한다. 최고의 관찰은 보이는 것을 요약하는 기술이다.

보이는 것은 이론적 질문이 아닌 경험적 관점이기에 관찰자가 경험적으로 선택하게 된다. 관찰에 익숙하지 않은 사람은 보지 못하거나 자신의 제한된 지식과 경험을 바탕으로 보이는 것만 알 뿐이다. 관찰자가 무심히 지나치는 무시, 왜곡, 몰이해는 진실과 사실을 무방비하게 흘려 버리는 위험한 태도이다. 따라서 관찰자의 관점을 체계적으로 다양화하는 훈련이 필요하다. 관찰한 내용을 기록하는 연습이 관찰 능력을 향상시키는 방법이다.

세세한 관찰과 있는 그대로 현장을 묘사함으로써 보이는 것과 보이지 않는 것을 발견하는 것은 일상적 세계에 거리두기를 통해 가능하다. 가장 익숙한 일상적 생활에서 낯설기와 거리두기를 통해서 의심스러운 것을 관찰할 수 있다. 일반적으로 익숙한 것에서 아무것도 보지 못하고, 말하지도, 놀라지도, 기록하지도 않는다(Beaud, 2003:144~145). 따라서 친밀한 것도 낯설게 보고 낯선 것도 친밀하게 보는 객관적 태도가 필요하다. 관찰자는 연구 조사동안 관찰 대상(장소, 사물, 사람)과 거리두기를 통해 관점의 객관화를 획득해야 한다.

(3) 무엇을 관찰해야 하나?

모든 자료가 관찰과 분석의 대상이 된다. 공동체 행위(예컨대, 종교 예식)는 방대한 관찰 자료를 제공한다. 관찰자는 날짜, 장소, 시간, 게시물, 관객 등 예식 행위와 관련된 모든 사항을 수집하고 기록해야 한다. 물질(보이는 것)은 어떤 사건(행사, 예식)과 상호 작용이 없을 수 없고, 상호작용과 물질적 토대가 없는 예식이란 있을 수 없다(Beaud, 2003:147).

결혼식은 사회가 공통적으로 인식하고 있는 방식으로 예식을 통해 진행된다. 프랑스의 결혼 예식은 일반적으로 토요일, 관청이나 교회(종교적 결혼식을 치를 경우), 가족과 친지 그리고 지인들이 참석한 가운데 짧게 진행되고, 피로연은 저녁 식사와 함께 신랑, 신부, 하객 모두가 참석한 가운데 늦게까지 이어진다.

관찰은 발견과 진실의 수단이다. 그런데 관찰은 사회적 질서체계를 이해할 수 있는 능력이 있어야 의미를 밝힐 수 있다. 지식 없는 관찰은 비어있어 아무것도 얻을 수 없다. 예컨대, 결혼식에 숨겨진 사회적 의미를 이해하려고 한다면, 관찰을 통해 보았던 모든 것과 수집한 자료를 꼼꼼하게 기록한 후 참석했던 각각의 결혼 예식의 공통점과 차이점을 분류하고 특정 사회 현상을 설명해야 한다.

파리 외곽 지역에 있는 고성을 빌려 하루 종일 축제의 분위로 진행된 부르주아 결혼식. 엄격한 기준으로 초대된 이날 결혼식의 하객들은 대부분 모자를 착용하고 있었다. 하객들의 모자는 새로운 부부의 탄생을 축하라도 하듯 아름답고 다양한 형색으로 결혼식의 분위기를 고조시키고 있었기에 관찰자의 눈을 앗아갔다. 그런데 모자의 향연은 알프스 산맥의 시골 마을에서 태어나 중산층의 경제적 지위를 가진 젊은 부부의 결혼식에서는 찾아볼 수 없었다.

부르주아들은 신분 사회에서부터 그들의 계급성을 표시하기 위해 모자를 착용하였다. 부르주아 결혼식에서 하객들이 모자를 착용하는 현상은 산업 부르주아 가문의 정통성과 경제적 지위를 드러내는 것이며, 그들의 계급성이 생활문화 양식에 유지되어 오는 현상이다. 2011년 영국의 윌리엄 왕자의 결혼식에 초대되었던 하객들도 모자를 착용했으며 결혼식 이후 하객들의 모자가 비싼 가격으로 경매되었다는 사실은 현대 사회에 유지되어 오는 특정 사회 계급의 문화적 계급성을 보여준다. 특정 상황에서 특정 계층에게 착용되는 모자는 경제적 토대가 바탕이 된 신분 사회의 계급성을 상징한다.

(4) 관찰의 객관성과 주관성

우리는 관찰을 통해 행위나 사회적 현상을 이해할 수 있다고 했다. 그러나 관찰은 조사자와 연구 대상자의 주관이 개입된다는 점에서 과학적 객관성을 의심받는다. 관찰에 대한 객관성과 주관성의 논의가 어떻게 설명되는지 아래의 주장에서 이해할 수 있다.

① 객관성

19세기 실증주의 시대 자연 과학의 법칙이 인류의 세계관과 학문적 패러다임을 이루던 시기, 영국의 탐정소설 작가 아서 코난 도일(Doyle)은 과학적 수단으로서 관찰을 신뢰하며 『셜록홈즈(1892)』 시리즈를 출판했다.

정확한 사실을 발견하기 위해서라면 자신을 임상 실험하고도 만족하지 않을 셜록에게 관찰은 진실을 도출하는 가장 확실하고 객관적인 과학적 방법이었다. 셜록이 관찰로만 왓슨의 이력을 밝힌 일화는 관찰이 지식과 의미체계를 발견하게 해주는 객관적 힘을 가지고 있음을 설명한다.

왓슨은 의대를 졸업하고 군의관의 자격으로 아프카니스탄에 파병되었지만 어깨 부상을 당해 본국으로 송환된다. 런던에서 하숙집을 찾고 있던 왓슨은 룸메이트가 될 셜록을 처음 만나게 되고, 셜록은 왓슨이 부상당한 군의관이라는 사실을 일별 알아챘다. 셜록은 관찰을 통해 왓슨이 군의관일 법한 분위기, 얼굴과 손이 검게 탔으나 와이셔츠 소매 밑의 손목이 흰 것으로 열대 지방에 거주, 안색이 좋지 않아 병을 앓았을 가능성, 팔의 움직임으로 부상을 입은 사실 등을 조합하여 순식간에 그의 신분과 상태를 파악했다.

셜록은 대상의 외견에서 제공되는 정보를 꼼꼼히 관찰하고 관찰의 결과를 적절한 상황에 적용하는 과학적 능력을 습득했기에 사실에 접근할 수 있었다. 평소 사람의 외관, 습관을 판별하는 예리한 관찰력을 가진다면 우리는 객관적 정보를 얻을 수 있다.

관찰은 오랜 시간과 경험을 통해 축적되어 온 유의미한 지식체계이다. 관찰, 지식, 이론의 결합은 관찰 대상의 숨겨진 진실을 발견하고 의미 있게 볼 수 있도록 기능한다.

② 주관성

관찰 방법은 20세기 중엽 토마스 쿤(Khun)에 의해 과학적 신빙성을 의심받게 된다. 토마스 쿤은 『과학혁명의 구조(1962)』에서 과학의 객관성에 대한 절대적 신뢰에 의문을 던졌다. 관찰의 객관성에 대한 의심이 다른 영역이 아닌 자연 과학 분야에서 일어났다는 점은 논제를 더욱 신중하게 만들었다.

쿤은 관찰을 통해 참과 거짓을 구분할 수 있다는 전제를 부정하기 위해 관찰이 이론 중립적 역할을 하는지 톺아보았다. 그는 '본다'는 것이 빛의 전달을 통한 눈에서 일어나는 물리적 작용의 과정이지만 우리의 인식이 만들어내는 결과물이라고 주장한다. 쿤은 관찰이 모든 사람에게 언제 어디에서나 동일한 작용이 아니라고 설명한다. 보는 관점에 따라 똑같은 대상에서 상이한 결과가 도출되기 때문이다. 우리는 인지 이론을 착시 현상으로 설명한 루빈의 컵을 떠올릴 때 이 주장을 쉽게 이해할 수 있다.

쿤의 설명에 따르면 우리에게 인식된 대상은 학습된 내용에 의해 재

구성된 사실(사물)이다. 관찰된 사실로만 설명할 수 없을 때 우리는 지식, 사회, 문화 등에서 관찰 증거를 선택하여(규약주의) 사물을 이해한다. 즉 관찰 내용은 지식(이론)에 의존하여 재구성한 결과물인 것이다.

관찰의 객관성은 우리가 사회, 문화, 역사적 방식에 근거하여 보이는 것을 이해하기 때문에 부정된다.

2) 인터뷰

인터뷰는 실제적이고 구체적인 사실의 내용을 증인에게 듣는 방식이다. 인터뷰 준비 과정과 실행에는 특별한 주의가 요구된다. 우선 연구 주제에 맞는 실제 증언을 할 수 있는 가장 적당한 조건의 면접자를 선별해야 한다. 면접자의 선택이 끝나면 면접자는 연구 주제에 맞는 질문 가이드라인을 작성한다. 그리고 면접자와 인터뷰를 진행한다. 인터뷰는 면접관과 면접자의 관계, 면접자의 사실 증언 수준, 감정과 같은 여러 요인에 따라 상이한 결과를 도출할 수 있다.

아무리 완벽한 준비를 했다고 해도 면접관이 준비하고 예측한대로 인터뷰가 진행되지 않는다. 이것이야말로 인터뷰의 묘미다. 인터뷰는 예측대로 흐르지 않고 상황적으로 변한다. 면접관이 돌변적 상황을 잘 헤쳐 나가지 못하면 물질적 자료 수집이나 자료 조사에 실패하게 된다.

(1) 인터뷰 준비와 진행

인터뷰의 성공은 상호 신뢰성 확보에서 결정된다. 좋은 면접관은 질문 기술에 의지하여 인터뷰 결과를 얻지 않는다. 좋은 인터뷰는 면접자와 신뢰를 확보하는 면접관의 능력에 달려있다(Beaud, 2003:208). 면접자는 면접자와 신뢰 관계를 획득하면 심층적 수준에서 다양한 정보를 확보할 수 있다.

인터뷰를 시작하기 전, 연구자는 전체 연구 주제와 어떤 질문들을 다룰 것인지 면접자에게 대략적으로 소개해야 한다. 면접자에게 연구 목적과 인터뷰의 필요성을 설명하고 공감과 이해를 확보하여 면접자가 불편해하지 않는 관계까지 인간적 신뢰를 형성해야 한다. 기본적 신뢰가 확보되면 면접자는 인터뷰 동안 안정감을 유지한다. 공감 받고 경청된다는 느낌을 가지면 면접자는 인터뷰에 몰입하여 심층적인 정보까지 제공할 수 있다. 면접관의 태도가 인터뷰 진행에 영향을 준다.

인터뷰는 면접자가 원하는 환경에서 이루어지는 것이 좋다. 여러 감정(솔직, 기쁨, 흥분, 차분, 분노)의 자연스러운 분출은 면접자가 몰입할 수 있는 시간과 장소, 편안한 상태에서 가능하다.

가이드 질문지는 질문의 방향을 나타내며 인터뷰를 이끌어 나가는 나침반 역할을 한다. 또한 차후 면접자의 질문과 답변을 비교 분석할 수 있는 통계 자료로 사용된다. 일반적으로 이론, 개념, 논쟁, 문제의식을 조합한 가이드 질문지에 따른 질문 행위는 면접자에게 인터뷰의 진중성과 지적 위상을 주어 인터뷰 진행에 긍정적인 역할을 한다. 그러나 특정 대상자에게는 부담감과 위축감을 주어 오히려 단순한 답을 얻을 위험이 있다. 면접자가 공식적 인터뷰 형식에 부담감을 가질 수 있기 때문이다. 연구자는 인터뷰 진행 도중 면접자의 요구나 반응을 감지하고 가이드 질문지 사용 유무를 결정해야 한다.

질문을 차례대로 따라가다가도 순서대로 질문이 되지 않는 경우가 빈번히 생긴다. 이 경우 면접자의 준비된 질문을 과감히 버리고 인터뷰가 흘러가는 대로 내맡기는 것이 낫다. 질문의 순서를 지키겠다고 면접자의 발화 흐름을 꺾으면 안 된다. 면접자는 면접자의 발화 내용을 기준 삼아 준비한 질문을 순간적으로 정비하고 질문해야 한다. 면접자의 발화 내용을 명료화하거나 설명해야 할 부분의 질문에 면접관은 답변을 확인시켜 의미를 심화시킨다. 공간이나 시간 등 물리적 이유로 가이드 질문지 없이 인터뷰를 즉시 진행해야 할 경우도 흔히 발생한다. 따라서 면접자는 가이드 질문지를 작성했더라도 주제에 대한 질문을 숙지하고 있어야 한다. 인터뷰는 상황에 따른 돌변적 요소에 영향을 많이 받기 때문이다.

인터뷰의 시작은 핵심적인 질문이나 의견, 사실보다는 면접자의 개인적 해석과 판단이 드러날 수 있는 질문이 좋다. 주제와 직접 관련된 질문은 면접자가 어떤 식으로 대답해야 할지 난감해 할 수도 있고, 자신의 대답이 잘못되었거나 상황을 잘못 만들었다고 생각할 수 있기 때문이다. 면접자의 사회적 카테고리 분류를 위해 신분을 묻는 질문도 유의해야 한다. 신분 노출은 자기 방어적 자세와 정보 제공에 소극성을 낳기 때문이다. 더구나 사람들에 따라 자신을 소개하는데 서투를 수 있기에 인터뷰 시작부터 어렵게 진행될 수 있다. 시작은 부드러운 것이 좋다.

연구자는 하나의 통일된 맥락과 주제에서 점진적으로 심화된 질문을 하도록 노력한다. 질문자의 질문이 여러 질문으로 뛰거나 중구난방일 때 면접자의 대답도 심화되지 못해 실제적으로 사실 정보를 제대로 얻지 못한다. 더구나 면접자는 자신의 대답을 스스로 확인(생각)할 수 없어 정확한 인터뷰 내용을 얻을 수 없다.

질문은 행위와 사실 위주여야 한다. 최고의 질문은 구체적인 질문이며 최고의 답은 구체적인 답이다. 면접자에게 실제 경험과 관점을 구체적으로 말하게 하며 일상생활과 먼 담론의 질문은 피해야 한다. 실제와 구체적 일을 질문해야 한다. 왜냐하면 무엇을 하는지에 대한 질문에 실생활, 사실, 경험, 의견이 함께 따라오기 때문이다. 연구자는 실제(종교, 정치, 문화, 교육 활동 등의 실천 행위)의 객관적 사실과 평가(의견)를 분리시키고 사실에서 재해석 되는 면접자의 주관성을 파악해야 한다.

인터뷰에서 가장 주의해야 할 사항은 면접관의 관점을 강요하거나 유도하는 질문을 해서는 안 된다는 점이다. 면접관은 면접자의 대답을 방해하지 않으면서 질문을 따라가고 다시 던져야 하고 의미를 정확하게 해야 할 질문을 정비해야 한다. 면접자의 대답이 불명확하고 흐릴 땐 정확한 설명을 요구하고, 면접자가 질문과 다른 내용을 말할 땐 주제에서 벗어나지 않도록 질문을 환기시킨다.

녹취는 인터뷰에 동반되어야 한다. 녹취는 발화 내용을 세세하게 기록할 목적에서 행해지만 인터뷰 순간은 관찰의 순간이어야 한다. 녹취는 면접관에게 면접자의 습관, 태도 등을 관찰하는 순간을 제공한다. 객관적 진실을 이해할 목적에서 면접관은 필요한 사실을 관찰하고 듣도록 노력해야 한다.

인터뷰가 끝나면 녹취록을 작성해야 한다. 모든 녹취 내용을 그대로 자세하게 옮겨 써야 한다. 이것이 녹취의 정수이다. 발화 내용, 환경, 시점, 시간, 발화 방법, 숨, 웃음, 한숨, 침묵 등 면접자의 모든 언행과 감정은 사실과 주관을 분리하는 데 결정적 요인이기 때문이다(위 책, 204~221).

(2) 기록과 분석

인터뷰 녹취를 글로 옮겨 적을 때 연구자들은 면접자의 발화 내용에 불명확한 부분이 많다는 점에 크게 놀랄 것이다. 연구자는 면접자가 거부한 질문이나 미완결한 문장을 흘려버리지 말아야 한다. 어떤 부분이 불명확하며 면접자가 그것을 어떻게 명료화시키는지에 주의한다. 예를 들어 특정 단어(사건, 상황)를 기억하는 이유와 방법 등을 살펴보는 것이다.

면접자의 말하는 방식, 침묵, 거절, 강조하는 단어, 목소리 크기에 주의해야 한다. 인터뷰 대상자는 특정 질문에 불안해하거나 저항한다. 불편한 질문에 말을 빨리 끊거나 오히려 당당하게 응수하기도 한다. 특정 질문을 거부하고 녹음을 중단하자는 요구까지 한다.

면접자가 질문에 반응하는 모든 태도에는 반드시 이유가 있다. 특별히 냉랭하고 무신경한 반응은 자신의 문제를 사회적 차원에 노출시켜 이해하기를 거부하는 태도이다. 면접자는 가족, 직업, 지역, 국가 등에 관련된 역사적, 문화적, 사회적, 물질적 토대를 형성하고 있다. 미완결된 문장, 검열, 부정, 불안정한 목소리, 한숨, 주저, 딴 소리, 침묵 등은 물질적 토대에서 형성된 사회적 행위의 의미를 담고 있다.

따라서 연구자는 면접자의 모든 발화 형태를 객관적 입장과 주관적 관점(사용하는 단어, 침묵, 왜곡, 오해)의 관계에서 구성할 수 있어야 한다. 그러기 위해서는 자세하게 언행을 기록하고 묘사해야 한다. 작업의 세밀성에 따라 경험적 자료는 실제적 입장과 주관적 입장을 구분할 수 있는 객관적 자료로써 쓰일 수 있다(Beaud, 2003:268~270).

(3) 인터뷰 내용에 영향을 미치는 요인

인터뷰는 주체, 시간, 공간, 관찰자의 요소가 진실을 증명하는 데 끊임없이 개입된다.

놀랍게도 면접자들은 말하기를 매우 좋아한다. 관련 사항에 대해 할 말이 없다며 인터뷰를 거절했을지라도 막상 인터뷰를 시작하면 넘쳐나는 말로 인터뷰 시간이 길어진다. 그러나 모든 사람의 인터뷰가 성공적인 결과를 낳지 않는다. 내러티브 능력이 약한 사람들의 발화 내용은 분석 자료로 쓰이기에 부족하다. 인터뷰의 이용 목적이나 면접관의 의도를 끊임없이 의심하거나 자신의 경험을 사회적 차원과 개인적 차원에서 구분하지 못하는 사람들은 자기 위조뿐만 아니라 남의 이야기를 자신의 것인 양 풀어낸다. 면접자의 기본 소양과 인터뷰 태도가 조사 자료의 성공 유무를 결정짓는다.

학문적 조사 연구에 대한 사회적 시선과 타당성이 객관화되지 않은 풍토에서 질적 연구는 조사 대상(개인, 집단)의 지나친 경계심을 불러일으키기도 한다. 연구자가 개인의 삶을 침해하는 위험인자로 취급되고 조사 대상에 의해 불필요한 의심과 문제가 제기되어 결과적으로 연구를 진행할 수 없는 상태에 이르기도 한다. 조사 대상자들이 학문적 조사를 해당 집단이나 개인의 비위 조사 정도로 인식하기 때문이다.

사회적 조사 연구가 보편화된 사회에서는 조사 대상자가 연구 참여에 적극성과 호기심을 갖기도 한다. 실제 한국과 프랑스의 비교 조사 연구에서 조사 대상과의 접촉과 연구 실행의 허가가 프랑스에서 용이했으나 한국에서는 냉랭하고 까다롭게 진행되었다. 자국민이 아닌 이방인에게 자신의 국가를 소개한다는 생각에서 연구자에게 오히려 유리한 상황으로 진행될 수 있었다. 그러나 학문적 연구와 사회적 조사 연구가 사회적 시선에서 일반화되지 않을 때 인터뷰와 관찰과 같은 질적 연구의 과정은 험난하다.

한편, 면접자는 그가 가지고 있는 정보가 무엇이든 정보를 숨기는 경향이 있고, 부정적 사회적 시선이 담긴 사안에 대해서는 정보를 제공해 주지 않으려 한다. 일례로 기업 회사원과 인터뷰했을 때 면접자는 자신의 발화가 자신의 처지에 악영향을 미칠 수 있다는 우려감으로 여러 해 몸담고 있어 잘 알고 있는 직업 현실에 대해 설명하기를 거부했다. 기업의 상황에 대한 해석과 의견을 피력할 수 있음에도 면접자는 자신에게 유리하고 편향된 해석을 내놓았다. 조금 더 적극적인 방어형들은 불응답 의사를 표명하거나 주저와 멈칫거리는 태도로서 특정 질문을 회피하였다. 면접자는 유물론적 관계뿐만 아니라 사회적 관계, 상징적 관계에 대한 판단, 무엇보다도 자기 인식의 태도에 따라 질문을 선택, 거절, 변형할 줄 안다. 면접자의 답변은 사회적 지위에 따라 다르다.

면접자는 상호 관계와 현실을 잘못 이해하거나 왜곡하여 말하는 경향이 있다. 한 여성 계약직 책임자(나이가 많고 직업 경력이 많음)의 인터뷰만을 신뢰한다면 그녀가 가진 업무 자율성과 권한의 범위가 정규직 책임자와 진배없었다. 계약직들의 애사심도 정규직 직원만큼 강했다. 그러나 인터뷰 도중 돌발 상황이 생기면서 발화 내용의 진위를 드러내주었다.

정규직 책임자가 다소 권위적이고 일방적인 명령으로 특정 업무를 관할하자 직원의 업무가 부당하게 중단되었다. 그녀의 말대로라면 수평적 위계질서를 추구하는 기업 문화에서 일방적으로 하달되는 명령은 있을 수 없고, 상황 설명과 충분한 동의 없이 하달된 명령은 직무권한 상방어되어야 했다. 자신은 정규직 회사원과 동등한 권한을 가지고 있어 그들의 명령과 동일한 명령을 행사할 수 있었다. 그러나 실제 상명하달의 명령이 행사되자 계약직 책임자의 실행 권력은 축소되고 사라졌다.

실제 행위를 지배하는 직장 내 전통적 규율은 인터뷰의 내용과 관찰의 교차 관계에서 드러났다. 발화의 진위는 물리적 상황에서 일어난 관찰 결과로 파악된다.

특정 사실은 특정 장소(공간)에서 증명된다. 교무실은 전통적 규범과 권위 체계가 유지되는 장소이다. 면접자(교사)가 교무 행정과 인간적 상호작용의 면면을 교무실에서 모두 말하기란 때때로 쉽지 않다. 그러나 교사들은 과중한 교무 행정 업무와 수직적 인간관계의 어려움을 교무실이 아닌 사적 공간에서 토로하는 데 서툴지 않다. 공적 장소와 사적 장소에서의 인터뷰는 동일한 결과를 산출하지 않는다.

공간뿐만 아니라 시간도 인터뷰에 영향을 주는 요인이다. 수업 시간을 알리는 종이 울릴 때, 바쁜 업무 시간, 특정 상황에 의해 불안정한 심리 상태일 때, 면접자는 질문 사안에 대해 자신의 진술과 생각을 차분하게 설명하거나 정리할 수 없다. 면접관은 시간과 공간 요인에 주의하며 질적 연구를 진행해야 한다.

◆ 인터뷰와 자기 검열 : 청중에 의해 발화 내용은 결정된다.

스베틀라나 알렉시예비치의 소설『전쟁은 여자의 얼굴을 하지 않았다(2015)』는 2차 세계대전 당시 군인으로 동원되었던 소련 여성들의 참전 이야기를 모은 증언집이다. 이 소설에서 만나게 되는 200여 명의 여전사들의 증언은 역사적 자료로서의 가치뿐만 아니라 사회과학 방법론적 관점에서 중요한 사실을 보여주고 있다. 면접자는 청중(독자)을 상정하고 그에 적절한 발화 내용을 선택한다는 것이다.

여전사의 이미지로 주변인들에게 인식되어 온 한 증언자는 최종 인터뷰 원고를 열람하고 특정 내용을 삭제해 달라고 작가에게 요청한다.

면접자가 자신의 인터뷰 내용을 확인하는 경우는 빈번하지 않지만 실제 인터뷰 과정에서 반드시 발생한다. 연구 대상자들은 자신의 인터뷰 내용을 확인할 권리가 있고 면접관은 그것을 제공할 의무가 있다. 면접자는 청중(독자)에게 들려주고 싶은 이야기와 그렇지 않은 이야기를 선택할 권리가 있기 때문이다.

소설의 작가(면접관)는 인터뷰 내용 중 놀랍고 충격적인 일화를 골라 자신의 서술 의도에 맞게 정리했다. 그러나 면접자는 이미 언론에 알려진 대로 자신의 이야기가 젊은이에게 교훈이 되는 전쟁 이야기이기를 바랐다. 일반적이고 영웅적인 전쟁 이야기 속에 면접자의 경험도 구성되기를 원했다. 전쟁의 참혹함, 일상과 인간성에 대한 불신, 전쟁을 겪는 개인의 고통은 영원한 침묵이 되기를 희망했다. 왜냐하면 자신의 발화 내용을 듣고 충격을 감내해야 할 자신의 후세들을 우선적으로 고려했기 때문이다.

소설의 작가(면접관)는 면접자의 이러한 '관객을 위한 대화'(알렉시예비치, 2015:188)가 제3의 인물이 개입되면 면접자와 면접관과의 둘만의 관계에서보다 덜 진실해지고 덜 솔직해짐을 목격한다. 면접자는 자기 검열을 통해 끊임없이 이야기를 다듬어 자신의 전쟁 경험을 참혹에서 위대한 일로 전환시키고, 인간 내면의 어둡고 불가해한 측면을 이해와 설명 가능한 것으로 만든다. 작가(면접관)는 면접자가 상정해 놓은 청중이 많을수록 자신이 차분하고 깔끔하고 신중해진 이야기를 듣게 됨을 알게 된다.

인터뷰 내용은 면접자가 청중과 발화자의 관계를 고려하여 우리에게 알려주는 사실이다. 따라서 이 관계를 통찰력 있게 파악하는 면접관의 능력이 인터뷰를 객관적으로 해석하는 첫걸음이다.

4. 사회학적 해석과 의미

연구자는 관찰과 인터뷰를 통해 경험적 자료를 수집하여 연구 대상에 대한 많은 정보를 가지게 되었다. 이제 다양한 자료를 연구 목적에 맞게 분석하기 위해 셜록과 같은 빛나는 사회학적 통찰력을 동원해야 한다. 연구자는 자료 분석을 통해 사회학적 특성을 확보해야 한다. 자료 확보 및 분석에 대한 연구자의 경험적 이성은 상황적 요소에 대한 객관성 판별과 유의미한 사회학적 해석을 가능하게 한다.

질적 방법론의 객관성을 확보하는 방법은 무엇보다도 불명확성을 명료화하는 능력에 있다(Beaud, 2003:273~274). 따라서 연구자는 정직하고 정확한 조사 보고서를 써야 한다. 현실은 개념보다 강하다. 듣고 본 것을 즉각 해석하지 말고 최대한 자세하게 기록하라. 연구 대상에 대한 관찰, 의문, 이해 과정이 쌓여야 사회학적 특성을 확보할 수 있다.

연구 자료를 다양하게 분석한 후 공통적으로 조합할 수 있는 사회적 특징(나이, 출신 등)을 모두 종합하라. 사회학자는 조사 연구에서 획득된 결과물을 사회적 분류와 연결해서 생각하고 분석해야 한다. 공통의 사회적 특성을 가진 부류들의 차이점을 찾아내어(언어, 실내 장식, 교육, 학교, 정치 등) 그들의 고유한 문화적, 사회적 특성(양식)을 파악한다. 사회적 특징들이 쌓였을 때 사회학적 의미(일반화, 이론화)로 나아갈 수 있다.

연구자는 면접관과 면접자의 인식 차이에 주의해야 한다. 질적 방법론의 경험이 부족한 연구자들은 면접자가 획득한 삶의 경험을 강조하여 감정적으로 이해하려 한다. 유의미한 사회학적 해석은 부르디외(Bourdieu)의 표현처럼 한 발은 감성(주관성)에 나머지 한 발은 이성(객관성)에 놓아두었을 때 가능하다. 연구 대상에 대한 객관적 사실과 주관적 부분의 명확한 구분만이 인간과 사회를 정확하게 해석할 수 있는 방법이다.

질적 방법론의 묘미는 과학적 지식체계를 형성하는 객관성 확보에 있다. 관찰 및 인터뷰 기술은 실제에서 배우게 된다. 관찰과 인터뷰를 많이 하면 할수록 의문과 질문이 많아지고 분석 능력과 판단 능력은 향상된다. 이로써 일상에서 쉽게 판단 내리는 잘못된 관찰의 결론에서 벗어날 수 있다.

사회학적 설명은 이론과 증거로 구성된다. 이론은 구체적 사실(증거)을 기반으로 인과적으로 설명된다. 구체적 사실의 가장 대표적인 물질적 자료가 바로 관찰과 인터뷰다. 질적 방법론의 자료는 살아있는 인간 삶의 실체를 담고 있다. 다양한 경험과 사고의 조합이 드러나는 일종의 '정신분석적' 영역을 포함하는 질적 방법론은 조사 방법과 분석에 어려움을 주는 주관성의 요소가 관건이지만 동시에 사회적 특성을 확보할 수 있는 유의미한 조사 방법이다.

2부

사회학자와 사회 분석

1장

칼 마르크스
(Karl Marx, 1818~1883)

철학자, 경제학자, 역사학자, 사회학자, 언론인, 정치 활동가, 노동 운동가의 명칭이 붙은 칼 마르크스(Karl Marx)는 독일 드레브(Trèves)에서 부르주아(변호사) 가문의 자식으로 태어났다. 유대인이었던 마르크스는 가톨릭 마을에서 기독교로 개종한 가족(아버지)에게서 자랐다. 일찍부터 종교를 비판한 마르크스는 본(Bonn)대학과 베를린(Berlin)대학에서 법, 역사, 철학을 전공하며 포이에르바흐론에 영향을 받아 관념론자가 아닌 유물론자가 되었다. 대학을 졸업하고 1841년 진보 부르주아 신문 '라인신문'의 편집장이 되어 사회 개혁 활동을 시작했다.

그러나 얼마가지 못해 신문이 폐간되고 이듬해 1843년 마르크스는 시민혁명을 겪은 프랑스 사회를 동경하며 파리로 망명한다. 프랑스에서의 삶은 마르크스에게 중요한 사상적 변화를 가져다주었다. 1845년 마르크스는 역사와 정치를 인간 본성에서 이해하는 관점을 버린다. 그리고 새로운 사회역사 이론을 채택하는데 그것이 사회를 생산력과 생산관계로 이해한 역사 유물론이다. 프리드리히 엥겔스(Friedrich Engels 1820~1895)와 함께 쓴 『독일 이데올로기(*Die deutsche Ideologie*, 1845)』는 역사 유물론 사상을 설명한다. 1848년에 쓴 『공산당 선언(*Manifest der Kommunistischen Partei)*』은 자본주의 발전과 생산관계, 프로레타리아 실천 이론을 말한다. 마르크스는 이론가이면서도 정치 활동가와 노동 운동가로 적극 활동하며 '국제노동자협회(International Workingmen's Association, 1864)' 창설하는데, 이 단체는 '제1인터내셔널(First Internaional, 1864)'로 명칭이 바뀐 후 오늘날까지 명맥을 유지하고 있다.

1849년 영국으로 망명한 마르크스는 노동자 계급의 열악한 노동 조건과 영국 자본주의를 경험하면서 노동자 이론을 완성한다. 그것이 바로 『자본(*Das kapital*, 1867)』이다. 마르크스는 『자본』에서 자본주의 운동 법칙을 설명한다. 마르크스가 살아있던 동안 『자본1』이 출판되었고, 그가 사망한 후 절친했던 엥겔스가 그의 글들을 모아 후편(『자본2, 3』 1885, 1894)을 출간했다.

마르크스의 사회 이론은 그것의 모호성에도 불구하고 20세기 사회과학 전체에 엄청난 영향력을 미쳤다. 역사 유물론은 물질적 삶이 정신적

(사회적, 정치적, 지적) 삶을 결정한다는 이론이다. 현실이 관념을 지배한다는 이론이다. 하지만 역사 유물론은 역사적으로 근대 사회에 유효할 뿐 가톨릭이 지배했던 중세 사회에 적용되지 않는다는 점에서 논쟁을 유발했다. 중세 시대는 관념이 우리의 삶을 지배했기 때문이다. 그러나 역사 유물론은 물질적 삶을 지탱하는 데 정신적 삶이 어떻게 작동되는지 보여준다. 그것은 특정 종교, 정치, 믿음이 어떻게 현실을 지배하는지 정신적 삶의 역할을 강조한다. 마르크스의 계급론 역시 논쟁을 유발했다. 왜냐하면 오늘날 계급의 존재가 부정되기 때문이다. 하지만 경제 개발론, 사회 불평등 이론 등 다양한 착취의 형태가 여전히 우리 삶을 옥죄고 있다. 마르크시즘은 1980년대 이후 정치적 기반의 소멸로 크게 후퇴했으나 오늘날까지 학자들에 의해 꾸준히 재해석 되며, 특히 2000년대 세계 경제의 불황과 더불어 다시 주목받고 있다.

1. 마르크스의 자본론

『자본(1867/1996)』은 마르크스의 유물론과 변증법, 사회 변혁 이론과 자본의 논리를 방대하게 담고 있다. 마르크스에게 세상은 자본가와 노동자의 생산 관계를 구조적 특징으로 하는 경제 사회이다. 그것은 이윤추구가 목적이 되는 사회이다. 마르크스는 경험주의 과학 방법론을 선택하고 자본주의 사회의 특성과 구조를 설명한다.

1) 마르크스의 방법론 : 경험주의

마르크스는 당시 만연했던 인간(영웅)의 의지나 우연에 의해 사회가 바뀐다는 통념과 비과학적 태도를 거부하고 일관적이고 논리적인 사회 변혁 이론을 완성했다. 마르크스에게 지식은 사회 변형과 관련되는 것이었다.

마르크스의 이론은 경제 구조의 발전 법칙(역사 발전)을 이해하는 과학이다. 마르크스에게 경제적 구조의 법칙은 자연 법칙과 유사하다.

> 자연과정을 연구하는 물리학자는 그것이 가장 전형적인 형태와 가장 덜 교란된 형태를 유지하고 있는 상태에서 그것을 관찰하며 또한 그것이 순수한 형태로 진행될 수 있도록 보장된 조건에서 그것에 대한 실험을 실시한다. 내가 이 책에서 연구해야 하는 대상은 자본주의적 생산양식과 그 양식에 상응하는 생산관계 그리고 교환관계이다(마르크스, 2008:45).

> 마르크스에 따르면 추상적인 법칙은 존재하지 않는다. 오히려 그 반대로 마르크스의 견해에 따르면 모든 역사적 시기에는 저마다 독자적인 법칙이 있다. 생명은 일정한 발전시기를 경과하고 나면, 즉 하나의 단계에서 다른 단계로 이행하고 나면 곧바로 다시 다른 법칙의 지배를 받기 시작한다. 요컨대 경제생활은 생물학이라는 다른 영역에서의 발전사와 비슷한 현상을 우리에게 보여준다(마르크스, 2008:59).

마르크스에게 인간의 경제적 삶의 법칙은 생물학의 현상, 즉 자연의 법칙과 유사하다. 마르크스는 경험적 과학을 선택하고 "사회발전법칙의 발견은 모든 역사적 과정을 과학적으로 이해할 수 있는 열쇠를 제공해준다"(마르크스, 엥겔스, 1990:20)고 믿었다.

마르크스에게 사회 변화의 원인은 개별 행위의 의지와 동기가 아닌 인간 집단과 같은 사회 전체를 지속적으로 움직이게 하는 힘이었다. 그것은 경제적 변화였다. 경제활동은 자연 환경을 변화시키는 노동을 통한 이윤 추구에서 시작된다.

(1) 역사 유물론

마르크스는 헤겔의 관념론을 거부하고 역사 유물론을 채택했다. 관념론은 관념이 현실을 만든다는 입장이다. 관념론자들은 용감한 사람이 물에 빠지는 이유는 중력의 관념에 사로잡혀있기 때문이라고 설명한다(마르크스, 엥겔스, 1990:34). 행위의 결과가 정신에서 설명된다. 하지만 역사 유물론은 인간의 사회적 존재가 그들의 의식을 결정한다는 개념이다. 인간의 의식이 인간의 존재를 결정한다는 관념론과 반대의 개념이다.

> 인간은 개인의 의지와 독립되어 있는 인간 존재의 사회적 생산에서 결정적이고 필수적인 관계를 맺는다. […] 물질적 생산력의 발전 정도와 일치하는 생산관계이다. 생산관계는 사회의 경제적 구조를 구성하고, 법률과 정치의 상부구조가 구체적 토대 위에서 세워지고, 사회적 의식 형태는 법률과 정치의 상부구조와 일치한다(Marx et Engels, 1859/1967:4).

> 우리는 현실의 활동하는 인간으로부터, 그리고 인간의 현실적 생활 과정이라는 토대 위에서 출발하여, 그 생활 과정의 이데올로기적 반영과 반사들을 설명한다. 인간의 두뇌 속에서 만들어지는 환상들 역시 항상 생활 과정, 즉 경험적으로 확인 가능하고, 물질적 조건들에 연결되어 인간의 생활 과정의 필연적인 승화물이다. 이리하여 도덕, 종교, 형이상학과 그 밖의 이데올로기 그리고 그것들에 대응하는 여러 가지 의식 형태들은 자립적인 모습을 가질 수가 없다(마르크스, 엥겔스, 1990:48~49).

의식이 생활을 규정하는 것이 아니라 생활이 의식을 규정한다(위 책, 49).

역사 유물론은 생산관계의 경제적 하부 구조가 법률, 문화, 사회, 정치 구조와 같은 의식/정신(상부 구조)을 만든다는 개념이다. 유물론은 인간이 물질적으로 살아가는 현실 구조를 설명한다. 그것은 자본주의 생산관계를 설명하는 핵심 개념이며 자본주의와 그것의 소멸까지 설명한다. 역사 유물론은 마르크스의 변증법과 깊은 관련성이 있다.

(2) 변증법

자본주의 사회 분석에서 마르크스의 역사 유물론만큼 중요한 이론은 변증법이다. 변증법은 자본주의의 운동 법칙을 설명한다. 마르크스의 변증법을 한 마디로 표현하면 "모든 것은 종결 지점에서 시작한다"이다. 이것은 현재의 모든 상태가 과거 종결의 상태가 아니며 시작의 상태라는 의미이다. 변증법은 과거와 현재, 미래의 시간적 해석과 생성과 몰락의 과정을 표현한다.

마르크스가 살던 시대는 신이 세계를 창조한 이후 세상은 변하지 않고 주어진 대로 반복된다는 생각이 만연했다. 인간은 반복된 역사의 연속적 삶을 살았다. 그러나 마르크스는 역사와 사물을 운동과 창조의 원리에서 설명함으로써 마르크스 이론의 독창성을 창출한다.

변증법은 현존하는 것들에 대한 긍정적인 이해 속에 그것의 부정과 그것의 필연적인 몰락에 대한 이해를 함께 간직하고 있을 뿐만 아니라 생성하는 모든 형태를 운동의 흐름으로 파악하며 […](마르크스, 2008:61).

> 역사란 앞선 모든 세대로부터 물려받은 자원과 자본기금과 생산력을 이용하여 완전히 변화된 환경 속에서 전통적인 활동을 계속하고 한편으로는 완전히 변화된 활동으로 낡은 환경을 개조하는 개별 세대들의 연속일 뿐(기든스, 2014:85).

변증법은 시작과 종결, 정과 반, 긍정과 부정, 몰락과 생성을 말하며, 한 사회의 필연적 생성과 몰락을 운동과 창조의 원리로 설명하는 이론이다. 마르크스는 생성과 몰락의 관계에서 자본주의 사회의 시작과 발전(사회 구조의 발전)을 설명한다.

2) 자본주의 구조

(1) 자본주의 생산 관계

자본주의 구조는 생산력과 생산 관계로 구분되는 생산 방식, 즉 생산 시스템을 형성한다. 생산력은 사회의 인간적 자원(노동력, 자격, 능력 등)과 물질적 자원(과학 기술, 에너지, 기계 등)을 포함한다. 인간의 생산력은 물리적 능력(육체적 노동력, 생산 수단)과 정신적 능력(지적 노동력, 교육 수준)을 구분한다.

생산력은 생산 수단의 사용에 따른 생산물의 발생 정도를 뜻한다. 생산관계는 생산력의 소유와 통제 관계이다. 누가 어떤 생산 수단을 소유하고 통제하느냐의 관계이다.

마르크스의 빛나는 업적은 생산 수단으로서의 노동력의 개념을 확립한 것이다. 마르크스에게 노동력은 자본주의 구조에서 생산 관계를 결정짓는 핵심 사항이다. 왜냐하면 화폐, 기계 등과 같은 다른 생산 수단이 있더라도 노동력을 판매하는 노동자가 없으면 생산물이 발생하지 않기 때문이다. 따라서 마르크스의 노동은 임금 노동자와 자본가를 발생시키는 것이며, 노동력의 구매와 판매 관계는 임금 노동자와 자본가의 생산 관계를 결정하는 것이다. 노동력을 구매할 수 없으면 자본가가 될 수 없다.

마르크스의 생산 관계는 생산 수단을 소유하지 못한 프로레타리아(노동자)와 생산 수단을 소유한 자본가의 계급 관계를 의미한다. 자본주의는 임금 노동의 계급 관계를 구조적 특징으로 하는 사회 형태이다.

◆ 사회 계급과 사회 계층

계급의 개념은 애초 마르크스에 의해 창안되지 않았다. 영국의 고전 경제학자 리카도(Ricardo)가 수입에 따라 계급을 구별한 것이 효시이다. 그는 지대에 의한 토지소유자, 이윤을 획득하는 기업가, 임금을 수입으로 삼는 노동자 계급을 구분했다. 리카도는 집단의 분화가 사회 질서(서열)를 구축하는 자연적 특성이며 노동자는 노동을 해서 수입을 얻는 존재라고 말했다. 토크빌(Tocqueville)은 시민 혁명 이전의 귀족 계급, 시민 혁명 이후의 중간계층(부르주아)과 민중(대중)의 관계로 사회적 집단을 구분했다.

베버(Weber)는 계급 대신 사회적 계층의 개념에서 사회적 집단을 설명하고 있다. 그는 3가지 사회적 집단을 구분했다. 경제적 서열에 따른 계급, 사회적 서열에 따른 지위 집단, 권력과 정치 활동에 따른 정당. 계급은 같은 상황과 같은 이해관계에 놓인 개인들의 결집이다. 계급은 물질적 삶의 조건이 유사한 사람들이 경제적 이해관계를 바탕으로 형성한 집단이다. 지위의 집단은 출생, 직업, 교육 등 경제적 조건 이외 다른 객관적 요소를 바탕으로 형성된 사회적 계층이다. 개인은 명예, 사회적 체면과 같은 주관적 요소와 소비 방식, 문화적 실천과 같은 삶의 스타일에서 차별화된 지위를 가질 수 있다.

베버의 사회 계층 이론은 다양한 원칙에 근거하여 개인들이 서열화 되고 분화되는 사회적 집단을 설명하는 데 적합하다. 이 이론은 벼락부자처럼 경제적 서열이 높지만 명예나 권력의 서열이 낮거나, 교수의 지위처럼 경제적 서열은 낮으나 명예의 서열이 높은 현실적 지위를 설명할 수 있다. 한편, 베버의 계급론은 마르크스의 계급론처럼 계급 투쟁을 유발하지 않는다.

(2) 물질적 토대와 지배 이데올로기

자본주의 사회는 자본가 계급에 의한 생산 수단과 생산 방식을 경제적 토대로 하는 세상이다. 마르크스는 사회 구조를 하부구조와 상부구조로 나누고 경제적 토대와 그것이 결정짓는 독특한 사회적 성격을 설명한다. 하부구조란 생산 방식과 생산 관계에 의해 결정되어 인간 삶의 물질적 환경을 구성하는 경제적 토대를 의미한다. 상부구조는 경제적 토대에서 생성된 정신(이데올로기) 구조(정치, 법, 사상, 문화, 제도, 기관)를 말한다.

마르크스는 인간들의 존재 조건에 부응하는 이데올로기(정신, 표상체계)가 모든 사회에 필요 불가결하다고 말한다.[2] 어떤 형태이든지 경제적 토대에서 결정된 사회 구조가 그에 상응하는 이데올로기를 가질 수밖에

2) 이데올로기는 사회 내에서 역사적인 존재와 역할을 부여받은 표상들(이미지, 신화, 이념)의 체계이다. 표상의 체계로서의 이데올로기는 실천적, 사회적 기능을 한다. 이데올로기는 의식과 관련 없는 표상들의 체계이다(알뛰세르, 1996:277).

마르크스의 유물론적 분석 방법[3]

<table>
<tr><th>사회 상부
구조,</th><th>정치적, 법률적, 철학적,
종교적, 윤리적 사고(이상),
정부</th><th>→
←</th><th>정치적 기관(제도), 교회
정당</th></tr>
<tr><td>↑ ↓</td><td>↑ ↓</td><td></td><td>↑ ↓</td></tr>
<tr><td rowspan="3">경제적
하부구조</td><td>생산력
생산 수단</td><td>→
←</td><td>생산 관계
생산수단의 사유화 형태</td></tr>
<tr><td rowspan="2">생산 수단의 소유자</td><td>→
←</td><td>사회적 계급 생산에 다양한
사회적 집단의 위치</td></tr>
<tr><td>→
←</td><td>생산(물)의 분배 형태</td></tr>
</table>

없다는 것이다. 마르크스에게 경제적 하부구조가 사회의 상부구조를 결정한다.

자본주의 사회에서 지배 이데올로기(상부구조)는 생산방식을 결정(하부구조)하는 자본가들의 이데올로기다. 사회의 이데올로기는 지배 계급의 이데올로기가 된다.

> 지배 계급의 사상은 모든 시대를 통해 지배적 사상이 되었다. 사회의 지배적인 물질적 권력을 가진 계급은 정신적 권력을 가진 계급이다. 물질적 생산수단을 가지고 있는 계급은 동시에 지적 생산 수단을 소유한다. 그래서 지적 생산 수단을 거부한 사람들의 생각(사상)은 지배 계급에 복종한다. 지배자란 지배적인 물질적 관계의 이상적인 표현, 즉 지배적인 사상(정신)을 말할 뿐이다(Marx et Engels, 1845/1965:52).

3) Etienne, 2002:203, 표 인용

노동 분화는 지배 계급에서도 지적 노동 계급과 육체적 노동 계급을 구분한다. 그래서 우리는 같은 지배 계급 내 두 카테고리를 가진다. 지적 노동 계급은 이 계급의 활발한 사상가들로 이들은 자기 계급에 대한 환상을 마련하기 위해 주요 실체(substacne princiale)를 창조한다. 육체적 노동 계급은 이 계급의 활발한 구성원인데 이들은 자신의 계급적 생각과 환상을 마련하는데 시간이 없거나 신경을 덜 쓰는 사람들이다(Marx et Engels, 1845/1965:52).

알뛰세르(1996:281~283)에 따르면 지배계급의 지배 이데올로기는 피착취자에 대한 상상적 관계이며 피착취계급을 지배하기 위해 구축된다. 지배계급은 경제적 자유주의의 법률과 도덕을 스스로에게 부여하는데 왜냐하면 세계에 대한 자신의 관계를 실재적이고 정당화된 것으로 받아들여 지배계급의 역할을 구성하기 위해서이다.

◆ 19세기 부르주아 결혼과 지배 이데올로기 구성

푹스(1909:117~134)가 『풍속의 역사Ⅳ』에서 보여주는 19세기 부르주아 결혼 형태에서 우리는 유사한 경제적 조건으로 결집된 부르주아 집단의 결혼제도가 지배 집단으로서 그들의 지위가 유지되게 하는 이데올로기 체제임을 설명할 수 있다.

자본의 축적으로 형성된 부르주아 집단은 그들의 결혼이 자본을 유지하는 수단이길 바란다. 푹스는 부르주아의 결혼이 금전 결혼(계약 결혼)이며 돈과 돈의 동맹, 돈과 지위의 동맹, 연고의 동맹을 위한 결혼이라고 주장한다. 무도회와 같은 사교 모임의 활성화, 결혼중개업소 및 중매쟁이의 출현, 본인 및 가족들의 구혼광고 성행, 지참금 제도가 결혼시장을 중심으로 발달하면서 부르주아 결혼은 상거래가 가능한 상품이 되었다는 것이다.

인간을 상품화하는 부르주아 결혼 제도는 자본주의 성문화(교태/의상)를 가져다주었다. 여자들은 좀 더 아름답게 보이기 위해 남자를 유혹할 수 있는 옷과 장신구를 발달시켰고 남자는 교양과 매너로서 여성의 호감을 사려고 노력했다. 그들은 좋은 반려자를 만나기 위해 중매쟁이들에게 웃돈을 주기도 했다.

자본주의 시대 상품으로서의 금전 결혼이 부르주아 개인에게 스며들어 그렇게 사는 것이 자연스러운 생활 방식과 사고 방식으로 안착되었다. 인간의 상품성이 극대화된 제도인 부르주아 결혼 양식은 그들과 다른 계급을 구별시키는 장치로서 사회적 지위를 유지시키려는 부르주아의 이데올로기로 작동되었다.

◆ 19세기 부르주아의 소비 현상[4)]

자본가들은 경제적 토대를 바탕으로 특별한 문화적 집단으로 존재한다. 아래 글은 19세기 부르주아의 계층분화와 함께 그들의 소비현상이 사회적 문화적 현상이 되었음을 지적하고 있다.

> 매우 다양하게 분화된 부르주아는 부유한 기업가에서 의사, 변호사, 중간 공무원에까지 이른다. 부르주아 가정의 여자는 가사 일을 하지 않았고 많은 가사 도우미들을 집에 뒀다. 부르주아들은 고리대금, 재산, 상속자 출신이었다. 그러나 이러한 출신은 드물었다. 부르주아 대부분이 고리대금과 투자 생산에 따른 수입을 가졌다. 사치와 복장(와이셔츠, 중절모)에 민감한 부르주아는 그

4) 임지영, 2015:370, 인용.

들의 수입 일부분을 저축하였다(Duroselle, 1962:248).

부르주아 계층은 경제적 풍요로 말미암아 그들에 맞는 문화적 취향과 외관을 꾸미기 시작했다. 그들은 자본의 축적으로 소비생활의 핵심 계층으로 등장한다. 그들은 격식과 행위의 규제에 민감해지기 시작했고 외모를 꾸미는데 많은 돈을 투자하여 당시에 유행하는 복장과 모자에 대한 소비 취향을 발달시켰다. 특히 부르주아에게 모자는 당대 최고의 유행 상품이었고 그들의 계급을 형성하는 대표적인 소비재였다. 부르주아에게 모자가 얼마나 중요했던지 부르주아 여성들이 모자에 대해 의견을 주고받는 일상의 대화가 『젊은 베르테르의 슬픔(2014)』에서도 묘사된다.

> 우리가 마침내 자리를 잡고 앉자마자 여자들은 서로 인사를 나누었고, 옷차림에 대해서 특히 모자에 관해서 서로의 의견을 주고받았다. 또한 그날 밤 무도회에서 만날 사람들에 대해서 각각 신랄한 비평들을 가했다(괴테, 2014:37).

새로운 사회계층으로서의 부르주아는 경제적, 사회적, 문화적으로 타 사회 계층과 구별된 집단으로 성장하였고, 그들은 모자와 복장을 통해 외관을 꾸미고 그들만의 소비 취향을 창출함으로서 문화적 계급화 현상을 이끌었다. 계급 분화는 문화적 현상을 동반했다.

(3) 생산 방식과 사회적 분화

마르크스에게 경제적 생산 방식은 사회의 기본 구조를 결정했다. 경제적 토대(생산 방식, 생산 관계)는 사회적 분화를 가져오고, 노동 분업과 생산 방식은 소유 형태에 따른 새로운 사회 구조를 등장시켰다.

분업의 성장과 사유재산의 출현에 따른 사회

	원시시대	고대사회	중세사회	근대사회 (자본주의 사회)
경제적 토대	자급자족 (수렵, 채취)	자급자족 토지 재산	자급자족 토지 재산	교환경제 (노동과 재산 교환)
사회계층	부족장-노예	귀족-평민	영주-농노 (봉건제)	자본가-노동자
인간소외			낮다	높다

인간은 원시 시대부터 수렵이나 채취를 통한 공동체(부족) 생활을 하면서 분업과 노예제를 발달시키고 서로 다른 공동체들의 다른 생산 수단과 생계 수단을 발견하여 교환을 하며 살아왔다.

고대사회에서는 부족 간 정복을 통한 공동체가 나타나며 지배 계급은 토지 재산 소유를 기반하여 영토 확장을 이룬다. 정복과 전쟁은 노예 계급의 규모를 키우면서 귀족과 평민(소농민) 구조의 사회적 분화를 발생시켰다. 귀족은 고리대금업으로 평민(소농민)을 파멸시키고 강제 이민과 강제 노동을 마음대로 할 수 있는 노예제를 도입하였다.

중세시대는 9세기 봉건제를 시작으로 예속 농노를 수반하는 소규모 농업이 발달했다. 농노제에서는 농노가 자신의 생산물의 일정량을 영주에게 납부해야 했지만 농노는 자율성을 가지며 자신의 생산을 조절할 수 있었다. 생산자가 생산물을 통제할 수 있는 점에서 인간 소외 정도가 낮았다.

분업과 사유재산제도가 확립된 자본주의 사회에서는 농촌(토지재산)

이 쇠퇴하고 도시(자본의 성장, 상업의 발달, 화폐제도)가 발달한다. 근대사회는 노동과 교환을 통한 재산 축적이 발생한다. 자본가는 노동자에 대한 통제를 강화하고 생산 활동에서 해방농노 출신의 도시 노동자는 자율성이 축소되어 인간 소외 현상이 극심하게 나타난다.

마르크스는 물질적 현실의 변형에 따른 사회의 발달 형태를 역사적으로 탐구하고 경제적 구조에 따라 분화되는 사회적 계급 구조를 설명했다.

(4) 생산 관계와 계급 투쟁

마르크스 이론의 독창성이자 요지부동한 힘은 사회적 관계를 생산의 관계(계급 관계)로 정의하고 사회적 변동의 원인을 계급 투쟁이라고 규정한 데 있다.

마르크스에게 사회적 관계란 소수 계급이 다수의 노동력을 소유하고 통제하는 생산 관계(계급 관계)를 말한다. 노동자들은 노동력(생산 수단)을 소유하고 노동력을 판매할 수 있다. 반면 자본가들은 노동력(생산 수단)을 구매하고 사용한다. 생산 수단을 소유한 자본가는 생산 수단을 소유하지 못한 노동자의 노동력을 소유하고 통제한다. 이러한 생산 관계는 소수가 다수의 노동 생산물을 소유하도록 한다. 계급 관계는 부의 생산, 교환, 분배로 결정된다.

자본주의는 임금 노동자를 착취하는 사회적 관계를 형성한다. 따라서 자본가와 노동자는 적대적 관계이다. 생산 수단을 소유한 계급과 소유하지 못한 계급 간의 생산 활동이 불평등적으로 구성되기 때문이다. 자본가는 문명화의 역할을 주도하고 경제적 풍요를 창조하고, 자유 이데올로기를 발전시키는 반면 노동자(프롤레타리아)는 생산 관계에서 자율성을 박탈당하고 경제적으로 착취당하며 정부에 의해 정치적으로 지배당한다. 마르크스는 사회적 불평등이 개인의 재능 차이가 아닌 사회적 힘의 관계에서 발생한다고 했다.

자본주의 사회에서 경제적 행위자를 특정방식 속에서 행위하도록 구속하는 경쟁은 경제적, 사회적 힘으로 작용한다. 경쟁은 노동 강도를 강화하고 노동의 효율성을 증가시킨다. 잉여생산은 상업의 초과생산을 가지고 올 위험, 더 이상 팔리지 않을 위험, 소수자의 이익을 제공하는 위험을 가져온다.

자본주의 사회의 생산 방식과 계급의 사회적 구조는 사회변동을 설명한다. 자본가는 생산력을 사고 이용가치보다 낮은 교환가치를 준다. 노동자의 이용가치와 교환가치의 차이는 이윤의 근원이 된다. 마르크스에게 착취 관계는 자본가와 노동자 간의 적대성을 만들고, 계급 투쟁은 자본주의 경제 발전(경쟁 시장)에 따른 불가피한 결과이다. 마르크스는 계급과 계급 분쟁을 역사 발전의 생산자로 정의하고 자본가와 노동자의 계급 투쟁이 사회변동을 이끈다고 강조했다. 계급의 양극화는 계급 투쟁의 역동성을 유발한다고 생각했다. 두 계급 간의 투쟁은 폭력을 일으키는 모순을 가지고 있다.

> 인류의 전체 역사는 계급투쟁의 역사였다. 즉 착취하는 계급과 착취당하는 계급, 지배계급과 피지배계급 간의 투쟁의 역사였다. 그리고 이 계급투쟁의 역사는 일련의 발전과정을 거치는데, 오늘날에는 모든 착취와 억압, 모든 계급적 차별과 계급투쟁들로부터 사회 전체를 영구적으로 해방시키지 않고서는, 착취당하고 억압받는 계급 — 프롤레타리아 계급 — 이 착취하고 지배하

는 계급 — 부르주아 계급 — 의 속박에서 벗어날 수 없는 단계에 이르렀다. (마르크스, 엥겔스, 2018:120).

마르크스는 어떻게 사회가 변형될 수 있는지에 천착했다. 마르크스는 계급이 사회경제변화의 역사적 주체라는 점을 강조한다. 마르크스는 두 집단의 양극화는 피할 수 없고 중산층인 쁘띠 부르주아(상인, 장인)가 확산될 것이라 생각했다.[5] 계급 투쟁은 새로운 사회적 정치적 삶을 구성한다.

마르크스에게 정부의 역할은 지배 계급을 대신하여 노동자 계급을 지배하는 존재와 다름없었다. 정의와 권리는 생산 수단의 사적 소유자와 권력자의 것이고, 군대와 경찰은 대중의 폭동을 진압하기 위해 존재한다. 자본가는 그들의 이해관계를 보장하기 위한 행정과 관리를 정부에 위탁하며, 정부는 자본가 체제를 보장하는 측면에서 자율성을 가진다.

한편, 마르크스의 계급론은 강력한 계급 투쟁과 계급 의식의 발달을 가져오지만 베버의 계층론은 경제적 기준뿐만 아니라 사회적 기준을 고려함으로써 삶의 종류, 이해관계, 문화 측면에서 다수의 집단이 존재하며, 상황에 따라 계급의 전이가 쉽게 일어난다. 이 때문에 베버의 계급론에서는 강력한 공동체 의식과 계급 연대를 가진 집단을 찾기 어렵다.

---

5) 마르크스는 계급 투쟁이 유발하는 계급 의식이 농부집단에서 결여되었다는 이유로 농부 집단을 노동자와 별도로 구분하였다. 마르크스에게 분업화된 소농인은 사회적 계급을 형성하지 못하는데 그들의 이해관계가 어떤 공동체나 국가적 연대, 정치적 구조를 만들지 않기 때문이다.

◆ 자본가와 노동자 계급의 생성[6)]

프랑스의 자본가와 노동자 계급은 19세기 말에서 20세기 초까지 급격하게 성장했다.

1880년대와 1900년대 사이 프랑스 경제활동인구는 4천만 명에 달했다. 그중 약 3천 300만 명이 노동자, 사무직 종사자, 농부였으며, 귀족은 수천 명에 불과했고, 기업주, 상가 소유주, 자유직업인, 공무원 등 부르주아 계급은 600만 명에 달하였다. 당시 부르주아 계급의 증가는 괄목할 현상이었다. 부르주아의 증가 현상은 19세기 후반부터 20세기 초까지 은행가, 회계사, 기업가, 의사, 변호사 등 자유직종과 공기업 종사자가 큰 폭으로 늘어난 데 기인한다. 반면 농업, 어업, 광업 분야와 가사직 인구가 줄어들면서 이들이 산업노동자 계급으로 흡수된 탓에 노동자 인구도 증가하였다. 부르주아와 노동자는 계급 분화의 핵심 계층이 되었다.

프랑스 경제활동인구(%)(Duroselle, 1962:247~248)

직종	1852	1866	1881	1896	1906
농업, 어업, 광업	64.4	49.8	47.7	44.8	42.7
산업	29.7	29.0	26.8	29.9	30.6
교통		1.7	1.7	3.8	4.3
상업, 은행		6.4	9.7	8.8	9.9
가사직	4.1	6.4	7.0	4.4	4.6
자유직과 공무직	4.1	6.7	7.1	8.3	7.9

6) 임지영, 2015:369~370, 인용.

◆ 노동자 계급과 노조의 생성

영국의 노동자들은 1824년 세계 최초로 노동자 조합(유니온)을 창설했다. 미국의 경우 1881년 미국노동자조합(AFL)이 생성되고, 프랑스의 경우 1884년 노조법이 인정되었다. 이로써 노동자들은 노동 조건과 임금 문제에 최소한의 합법적 요구를 할 수 있게 되었다.

3) 자본주의의 이윤 창출

근대 자본주의 체제는 3가지 특징을 갖는다. 생산력의 발달, 자본의 축적, 소수에 의한 잉여물의 전유이다. 자본은 줄곧 소수에 의한 잉여 축적을 목적으로 발전되어 왔다.

15세기 이후 세계 대륙의 발견은 식민지와 공산품 시장의 확대로 상업 자본을 낳았고 이때부터 최초의 산업 자본 형태가 출현하기 시작했다. 19세기 영국에서 공장 기계가 크게 발달함에 따라 생산량이 급증하며 산업 자본가의 부가 증가하기 시작했다. 시장의 독점, 식민지 발달 등으로 제조업, 철광업 등이 성황을 이루면서 노동자들이 도시로 몰려들었다. 기계와 노동력을 가진 산업 자본가는 이윤 창출을 위해 노동자들을 공장에서 혹사시켰다. 1833년 노동법의 시조인 공장법은 착취적인 노동 조건을 개선하기 위한 최초의 방편이었다. 이로써 16시간 이상 일하던 시간이 13세~18세 미성년자들에 한해 12시간으로 줄어들었다.

자본주의 발전 과정에서 생산력의 증가로 국가의 부가 이루어지고 자본 축적을 이룬 산업 자본가들은 더욱 부유해졌다. 소수 자본가들에게 집중되는 부의 현상은 강화되고 임금 노동자들은 일을 열심히 해도 빈곤에서 빠져나올 수 없는 상황이 되어 노동 착취와 경제적 불평등은 악화되었다.

(1) 자본의 이윤 창출 구조

마르크스는 『자본(1867)』에서 자본의 이윤 창출 구조를 밝혔다. 마르크스에게 모든 이윤(마르크스의 경제적 표현으로 잉여가치) 창출의 비밀은 노동에 있다. 왜냐하면 노동이 상품의 가치를 창조하기 때문이다. 따라서 모든 자본가는 최대한 노동자의 노동 시간을 증가시켜 생산량을 극대화하여 잉여가치(이윤)를 전유하려 한다.

잉여가치를 생산하는 데 노동시간은 두 가지 방식에서 운용된다. 노동일 연장에 의해 생산되는 (절대적) 잉여가치와 노동시간이 정해졌을 때 하루의 노동시간 중 필요 노동시간을 감축시키는 방법(상대적 잉여가치)이다.[7] 노동 생산성과 노동 강도가 주어졌을 때 노동일의 연장에 의해서만 잉여가치를 증가시킬 수 있고, 노동일이 주어져 있을 때 노동 생산성의 향상이나 노동 강도의 강화에 의해서만 잉여가치를 증가시킬 수 있다.

이렇듯, 자본 이윤 창출의 구조를 이해하는 것은 생산수단을 소유하는 자본가가 어떻게 노동자의 노동량을 통제하는지에 대한 이해와 직결된다. 자본가들은 노동 시간을 증가시킬 목적에서 노동자들의 휴식시간을 단축하고, 노동자의 업무량을 배가시켜 노동 강도를 강화한다.

아래의 기사는 이민자들을 고용하여 농작물을 재배하는 강원도의 한

---

7) 절대적 잉여가치=하루의 노동시간-필요노동시간=잉여노동시간=노동자가 창조한 가치-노동자가 받는 임금
상대적 잉여가치=필요노동(시간)=노동력의 가치=임금수준=노동자와 가족의 정상적인 생활비(김수행, 2010:147~149).

농장에서 발생한 노동 착취와 임금 착취 사례이다.

> 그의 노동시간은 매일 아침 7시부터 저녁 6시까지이다. 계약서에는 그렇다. 월 250시간이다. 약속된 월급은 110만원이다(시간당 4,400원). 2013년 4860원, 2014년 5,210원의 최저 시급을 훨씬 밑돈다. 계약과 실제는 달랐다. 아침 6시부터 저녁 8시 전후까지 일했다. 매일 13~14시간 노동했고, 2시간 쉬었다. 한 달에 320~370시간씩 혹사당했다. 110만원에 대입하면 시급 2,973원이다. 월 100시간에서 140시간치의 임금을 떼었다(우리의 안전한 밥상은 인간다운가?, 한겨레 21. 2014. 8월 25일 제1025호).

고용주들은 불법적 상황을 만들지라도 노동자의 임금을 줄이고 노동자의 노동 시간을 늘이는 방식에서 그들의 부를 창출한다.

노동의 대가 역시 우리가 일한 만큼 정직하게 측정되지 않는다. 아래의 사례는 택시 기사의 노동의 대가가 갈취당하는 임금 구조를 보여준다.

택시 기사의 봉급(하루 12시간 기준)[8]

하루	매출액=130,000원		
	가스 충전비=15,000원		
	순이익=115,000원		
	사납금=100,000원	월 (x 21일)	2,100,000원
	총수입=15,000원	월 (x 21일)	315,000원
		월급	700,000원
		월수입	1,015,000원

8) 강신준, 2012:88,140, 예시 인용.

하루 12시간 노동 시간을 기준으로 택시운전기사는 1,015,000원의 월수입을 얻는다. 이로써 마치 운전자가 일한 만큼의 대가를 받는다고 생각하게 할지 모르나 실상은 그렇지 않다.

하루 12시간 택시를 몰아 130,000원을 번 택시운전기사는 가스 충전비로 15,000원을 썼고 회사에 100,000원을 납부하고 총 15,000원의 수입을 얻었다. 21일을 한 달 기준으로 월 총수입을 계산했더니 315,000원이었다. 여기에 회사로부터 월급 700,000원이 더해져 택시운전가사의 월수입은 총 1,015,000원이었다. 하지만 한 달 간 회사에 낸 사납금은 2,100,000원, 실질적으로 택시운전기사의 노동의 대가는 사납금의 1/3, 하루 4시간 노동의 대가만을 받는 구조이다.

> 노동의 가치는 언제나 노동의 가치생산물보다 적을 수밖에 없다. 왜냐하면 자본가는 언제나 노동력을 그 자신이 가치를 재생산하는 데 필요한 것보다 더 오래 사용하기 때문이다(마르크스, 2008:740).

2018년 말 한국의 택시운전사들은 특정 기업의 독점적 카풀제도 도입에 맞서 사회적 투쟁에 돌입했다. 해당 기업은 사회적 연결망 서비스(SNS)를 통해 손쉽게 소비자들에게 택시 서비스를 제공한다는 취지였지만 택시운전사들의 열악한 노동 조건과 임금 개선 없이 편리한 기술 시스템 도입은 택시운전기사들의 생존을 위협하는 일임은 명약관화였다. 당사자 간 분쟁이 격화되자 해당 장관은 "택시 서비스 기술이 고도화되면 승차거부나 기사 처우 문제가 해결된다"는 말로 카풀제도 지지를 내비쳤다. 정말 모든 산업 기술이 발달하면 노동자의 처우와 노동 조건이 좋아질까?

마르크스는 지금까지 이루어진 모든 기계의 발명이 인간의 일상적 노고를 덜어주지 않았다고 말한다. 우리는 기계의 발명이 생산물 제작 시간 단축과 일의 효용성을 도모하여 노동 시간을 줄일 것이라는 점에서 환호했었다. 하지만 자본가들의 기계 도입은 노동자의 노동 시간을 단축해주는 노동 해방의 의미가 아니었다. 열악한 노등 환경을 개선해주는 것도 아니었다. 만약 그랬다면 21세기를 사는 우리의 노동시간은 20세기와 비교해 크게 단축되어야 했다. 우리의 노동 조건은 인간화가 되어야 했다. 기술 도입은 인간의 노동 조건과 상관없이 생산품에 투여되는 시간 단축을 발생시켜 총생산량의 증가에 따른 이윤 창출을 극대화한다는 의미를 가질 뿐이다.

> 자본주의적 생산에서 노동 생산력의 발전을 통한 노동의 절약은 노동일의 단축을 목적으로 나온 것이 결코 아니다. 그것은 다만 일정 상품량의 생산에 필요한 노동시간의 단축을 목적으로 할 뿐이다(위 책, 2008:447).

열심히 일할수록 즉 노동 시간이 길수록 국가의 부와 개인의 부가 증가한다는 자본의 논리는 세계적 경제 지표를 통해 상관관계가 없음을 알 수 있다. 한국은 1인당 평균 노동시간이 OECD국가 중 2번째로 길다. 2013년 이후 1위에서 하락해 줄곧 2위를 차지하고 있다. 2016년 한국의 1인당 연평균 노동 시간은 2,069시간으로 OECD 35개국 회원국 연평균 노동 시간 1,764시간보다 길다(멕시코 2,255시간, 독일 1,363시간). 이것은 하루 노동 시간을 8시간 기준으로 했을 때 OECD 35개국 회원국보다 평균 305시간, 38일 일을 더 한다는 뜻이다. 노동 시간이 가장 짧은 독일보다 4달이나 일을 더 하는 셈이다.

하지만 임금 수준은 OECD국가에서 중간 이하를 점유한다. 노동 시간이 실질 임금의 증가와 비례하지 않는다. 한국의 평균 연간 실질 임금은 32,399달러로 OECD 35개국 회원국 평균 42,786달러보다 낮다. 한국의 실질 임금은 OECD 수준의 75%에 그친다. 연간 실질 임금을 노동 시간으로 나눈 시간당 실질 임금은 15,7달러로 OECD 35개국 회원국 평균 24,3달러보다 낮다. 이것은 OECD 수준의 2/3에 그치는 수준이다.

2. 자본 추구의 현실

마르크스의 이론에 따르면 자본주의의 부는 소수 자본가에게 주어진다. 이용가치보다 낮은 교환가치를 가지는 노동자는 부의 분배에서 제외된다. 자본주의는 생산과 교환 수단을 소유한 자본가에게 유리한 체계이다. 자본가들은 그들에게 유리한 체제가 지속되어 부를 증진시킬 수 있도록 정책을 고안하고 여러 불법적 행위도 불사한다. 부를 획득한 자들은 그 부의 힘으로 자본을 확장하는 방안들을 끊임없이 모색한다. 그 결과 사회적 불평등 현상은 심화된다.

1) 사회적 불평등이 개인의 재능과 능력 탓?

사회적 불평등을 강화하는 강력한 자본의 논리 중 하나는 개인 능력주의에 대한 믿음이다. 능력주의는 개인의 능력에 따라 경제적 성공과 사회적 성공이 비례한다는 생각이다. 지그문트 바우만(Bauman, 2013: 94)은 "개인의 재능과 능력의 자연적 불평등에 대한 믿음은 사회적 불평등이 수백 년 동안 수용되는데 가장 강력한 요소 중 하나"라며 개인의 능력에 따른 사회적 불평등과 부정의에 대한 인정이 오랫동안 우리 삶의 불평등을 지탱하는 근거가 되었음을 지적하고 있다. 하지만 사회적 불평등은 개인의 능력에 의해 결정되지 않는다.

맥나미(McNamee)와 밀러 주니어(Miller Jr)는 그의 책 『능력주의는 허구다(2015:195~231)』에서 개인적 능력에 해당하는 4가지 요인(천부적 재능, 올바른 태도, 근면성실, 도덕성)이 개인의 성공에 어떤 영향을 미치는지 톺아보았다.

저자들은 개인 성공에 대한 가장 위험한 생각이 재능에 따른 사회적 불평등이 당연하다고 받아들이는 태도라는 것이다. 저자들은 찰스 머레이의 종형이론을 비판한다. 종형이론은 타고난 지능(재능)이 유전적으로 대물림되고 그것이 사회경제적 성공을 결정한다는 이론이다. 저자들은 사람들이 유전 이론에 쉽게 수긍하지만 이 논리에는 환경적 요인이 무시됨을 지적한다. 천부적 재능(운동, 예술)은 발탁되고 계발되고 발전되어야 하는 것으로 비용이 요구된다. 저자들은 재능(능력)이 비슷하더라도 그것이 능력이 되기까지 환경적 지원의 역할이 더 중요하다고 강조한다.

둘째, 종형 이론가들에 따르면 경제적 성공은 지적 능력에 태도의 차이가 더해져 발생한다. 경제적 성공에 필요한 태도란 야망, 에너지, 동기, 신뢰성, 정직함 등의 자질이다. 정신력과 의지력과 같은 개인의 태도가 사회적 성공의 요인이라는 것이다. 그러나 태도란 문화적, 사회적 자본에 따른 훈련의 결과이다. 저자들은 문화적, 사회적 자본은 계층에 따라 차별적으로 주어진다는 사실을 지적한다. 우리는 사회적으로 열악한 환경에 놓인 학생일수록 학업성취도와 대학진학률이 떨어진다는 비교조사 결과로서 그것을 증명할 수 있다.

셋째, 저자들은 경제적 성공에는 반드시 근면과 성실이 전제된다는 주장을 살폈다. 그러나 일하는 시간과 노력의 투여에 따라 경제적 부가 비례한다는 믿음은 쉽게 반증된다. 근면성실이 부의 결정적 원인이라면 이민 노동자들이 가장 부유한 사람이어야 한다. 그들의 노동 시간을 생각하면 근면성실은 증명되기 때문이다. 경제적 부는 오히려 지위와 급여에 직접적으로 연결되어 있다. 사외 이사의 지위는 그들의 노동량에 비해 턱없이 많은 급여를 제공하며 주식 투자가와 같은 직업은 많은 돈을 벌 수 있다. 돈이 돈을 벌기 때문이다. 다시 말해, 사회적 성공은 근면과 성실의 태도보다는 무엇을 하는가가 더 중요하다.

마지막으로 저자들은 높은 도덕성과 진실성이 사회적 성공의 가능성을 가져다준다는 믿음을 따져보았다. 저자는 스스로에게 정직과 도덕성의 잣대가 엄격한 사람은 그렇지 않은 사람들보다 성공할 수 있는 기회를 적게 갖는다고 주장한다. 우리는 사기나 조세 회피 등 비윤리적 행위자들이 부를 쉽게 엄청나게 확보하는 사실로 도덕성과 진실성이 거짓 신화임을 이해할 수 있다.

경제적, 사회적 성공이 개인의 재능, 태도, 자질만으로 보장되지 않고, 부가 획득되는 기회가 부자들과 권력자들에게 쉽게 제공되는 현실은 사회적 불평등의 원인이 개인이 아닌 사회적 힘에 있음을 말해준다.

2) 부자들에 의한 부자들을 위한 세상

부자들은 계속 부자가 되기 위해 그들만의 정책을 마련하고 그것이 모두를 위한 사회경제정책인 듯 호도한다. 낙수효과이론은 대표적인 부자들의 정책이다. 낙수효과이론은 부자의 투자, 고용, 소비가 경제 활성화에 도움을 준다는 이론이다. 부자들은 기업 위주의 규제완화정책이나 감세정책을 요구하고 정부는 경제 활성화 명목에서 정부 정책으로 채택했다. 하지만 전 세계가 기업 위주의 경제정책을 실현해 온 결과, 기업 규제완화 정책은 빈부격차의 악화, 중산층의 몰락, 저임금 현상을 유발하며 사회적 불평등을 가속화시켰다. 경제 불황 속에 일반인들의 평균 소득은 낮아지고 부자들의 소득은 증가한다. 부자들은 기업 투자, 고용, 소비를 창출하기보다 오히려 그들의 사적 부를 증가시키는 데 기업 혜택 정책을 사용했다.

부자들은 정부와의 공조를 통해 기업 위주의 정책을 실현하는 것뿐만 아니라 비윤리적이고 불법적인 조세 회피를 통해 그들의 부를 증축시킨다. 페이퍼 컴퍼니가 대표적인 조세 회피 방법이다. 페이퍼 컴퍼니란 실재하지 않고 서류에 의해 설립된 일명 유령 회사를 말한다. 부자들은 세금 회피와 재산 은닉을 위한 유령 회사를 세계 곳곳에 만들고(40% 이상 버진아일랜드에 소재) 특정 국가의 금융법 적용을 받지 않는 점을 악용해 탈세와 범죄 수익을 도모한다. 부자들은 역외탈세를 도와주는 전문가(공무원, 회계사, 세무사, 법률가, 정치가)와 그 집단의 도움을 받아 엄청난 수익을 만든다. 뿐만 아니라 부자들은 그들 스스로 세금을 바르게 신고하지 않는다. 한국의 경우, 매년 60조원 규모의 부가 대물림되지만 실제 납세자는 극소수이고 납세액도 상속액에 비해 매우 적다. 2008년~2016년 동안 상속자 274만 명 중 납세자는 1.9%에 그친다.

조세 회피와 탈세는 언제나 권력과 결탁되어 있다. 예컨대, 상속세나 증여세를 줄일 목적에서 기업이 고의로 자산이나 부채 등을 조작하는 분식 회계의 경우 해당 회사, 회계법인, 세무조사원, 공무원, 변호인, 정치인까지 관련되어야 가능할 수 있다. 조세 회피와 탈세는 이해당사자들 간 조직적 차원에서 조작된다. 부자들과 전문가들이 갖추어야 할 사회적 책임과 도덕성은 부 앞에서 폐기 처분된다.

3) 부동산을 통한 부의 확대

대한민국에서 주택 소유는 부를 증축할 수 있는 가장 확실한 수단이다. 마르크스는 부동산 소유를 불로소득의 대표적인 형태로 비판했다.

2017년 한국 주택소유통계 결과, 전국 주택 소유자 중 다주택자는 211만 9,000명(5채 이상의 소유자 11만 5,000명, 4채 소유자 7만 2,000명, 3채 소유자 27만 2,000명, 2채 소유자의 수가 166만 명)이었다. 반면 무주택 가구는 전체 가구의 44%였다. 2채 이상의 다주택자가 가장 많은 지역은 서울 강남구(22.0%, 3만 1,800명), 서초구(20.9%)였다. 부촌의 개인들이 보유하고 있는 주택 수가 많았다.

주택 소유로 인한 부의 창출은 주택 소유와 주택 자산액 증가의 관계에서 확인할 수 있다. 2017년 주택이 늘어난 사람은 147만 3,000명, 2채가 늘어난 사람은 8만명, 3채 이상 3만 2,000명이다. 주택 자산액 증가자는 978만 7,000명이었다. 주택자산 가치가 1억원 이상 증가한 소유자들은 104만 명이었다. 1년 만에 1억원 이상 재산이 증식된 주택 소유자는 100만 명이 넘는다. 주택 자산 증가의 결과, 주택 자산액 상위 10%와 하위 10%의 차이는 32배였다. 주택 소유자 상위 10%의 평균 주택 자산액는 8억 1,200만원, 하위 10%의 평균 주택 자산액은 2,500만원이었다. 주택 소유자 상위 10%의 평균 소유주택 수는 2.67채였고, 하위 10%의

평균 소유주택 수는 0.97채였다.

다주택 소유는 주택 소유자에게 재산을 쉽게 증식할 수 있는 수단이 되지만 일반인들은 제 집을 가질 수 없는 현실과 마주친다. 부동산 문제는 주택 소유자와 무주택 간의 부의 격차를 키우면서 사회적 불평등을 악화시킨다.

3. 노동과 인간의 삶

생산, 교환, 분배 관계에서 발생하는 착취와 지배 구조는 지배와 착취의 인간관계(사회적 관계)를 만든다. 자본주의 사회를 살아가는 우리 자신의 삶은 어떤 모습일까? 인간이 이성과 지식을 알게 되어 인권과 합법성의 개념이 한층 발달한 오늘날 우리는 지배와 착취의 노동 구조에서 해방되었는가? 자본주의 속 우리는 어떤 삶을 선택하고 있을까?

1) 영화가 형상화한 자본주의 삶

영화 <모던 타임즈>(Moderne Times, 1936년)와 <우리는 불법 노동자>(Workers, 2013년)는 자본주의 체제에서 살아가는 우리 자신의 모습을 독창적인 이미지와 메타포로 적나라하게 보여준다. <모던 타임즈>의 주인공 찰리 채플린이 겪었던 자본주의 삶의 형태에서 1세기가 조금 모자란 오늘을 살아가는 우리의 삶은 그때와 많이 달라졌을까? 합법과 불법의 줄타기를 하는 노동의 착취 관계를 보면서 오늘날을 사는 우리에게 과연 역사가 발전하는가에 대한 불행한 의문을 남기게 된다.

사진: 〈모던타임즈〉 작업장을 나와 화장실에서 담배를 피려는 순간 공장주의 작업 복귀 명령이 떨어진다.

(1) <모던 타임즈>(Modern Times, 찰리 채플린 감독, 1936년, 영국)

영화는 공장 노동자가 이윤 창출이 목적인 노동 현장에서 어떻게 노동 행위를 통제당하고 인간의 존엄성이 짓밟히는지 보여준다. 우리는 컨베이어벨트 앞에서 일하는 공장 노동자의 작업 과정을 따라가며 자본의 논리를 만난다.

◆ 노동 시간과 노동 통제

시계 바늘이 새벽 6시를 가리키면 목동이 양떼를 몰아치듯 도시의 수많은 임금 노동자들이 서로의 발길에 엉키며 공장 안으로 밀려들어간다. 출근 전표를 끊고 작업장에 들어서는 익명의 주인공들 그리고 정장을 차려 입고 그들을 기다리는 산업 자본가. 공장주가 명령을 내리자 굉음과 함께 공장의 모든 기계들이 일정 속도로 운행되기 시작한다. 돌아가는 컨베이어벨트 앞에서 볼트와 너트를 조여야 하는 우리의 주인공은 생산 수단이 된 자신의 노동 현실을 본격적으로 인식하게 된다.

공장에서의 노동 행위란 한 순간도 쉬지 않고 돌아가는 컨베이어벨트처럼 맡은 작업을 끊임없이 반복하는 것이다. 노동자는 규칙적이고 반복적인 행위를 해야 하는 인간 기계이다. 자본가는 노동 시간을 단축하기 위해 기계를 도입하고, 24시간 운용하여 최대의 이윤을 창출하려 한다. 그래서 노동자의 노동량은 기계의 속도만큼 증가된다. 기계의 속도를 따라가는 테일러주의 이행자야말로 산업 자본주의 체제에 적합한 유능한 인간형이다. 기계와의 속도전에서 살아남아야 해고되지 않고 함께 일하고 싶은 동료가 된다.

그런데 우리의 익명의 주인공은 애를 써도 기계의 속도를 따라잡기에 역부족이다. 자기 다짐과 자기 정비를 위해 화장실에서 담배 한 가치를 빼어들지만 그 순간 공장주의 작업장 복귀 명령이 떨어진다. 노동 시간에 혈안이 된 고용주의 노동자 통제는 인간의 기본 생리 활동도 감시의 순간으로 만들어 버렸다. 작업장 외 이동은 출입전표로 확인되고, 언제 어디서든 노동자의 행동이 관리자에 의해 감시된다. 노동 시간 증대에 대한 고용주의 강박은 작업장에서 가난한 도시락을 펼쳐 먹는 점심시간에도 예외는 아니다. 고용주는 점심시간을 줄일 요령으로 급식 기계를 도입해 보지만 기계가 인간의 밥을 떠 먹여주는 데까지 기술력이 발달하지 않았음을 알고 낙담한다.

공장의 작업 속도는 오후가 되면 더욱 빨라진다. 우리의 주인공은 증폭된 기계의 속도를 따라잡지 못하고 급기야 컨베이어벨트에 깔려 톱니바퀴 속에 몸을 끼이는 사고를 당한다. 노동 시간과 노동 속도에 함몰되어 더 이상 노동 행위를 할 수 없는 노동 조건에서 우리의 주인공은 역설적이게도 정신 이상자로 낙인찍히고 경찰에 이끌려 정신병원으로 옮겨진다.

영화는 산업 자본주의 시대 공장이라는 착취와 지배의 공간에서 자본의 논리가 임금 노동자의 노동력을 통제하고 인간을 생산 수단으로 취급하는 현실을 보여준다.

익명의 다수인 노동자는 시간과 경쟁하며 매일을 살아간다. 노동자들은 기계와 같이 규칙적이고 반복적인 노동 활동을 통해 경쟁적으로 생산량 달성에 내몰려진다. 노동 착취와 통제는 생산 이외의 활동을 소거하고, 게으를 수 있는 권리를 빼앗고, 이윤 창출의 기계로서 인간의 신체와 정신을 변형시킨다. 노동 시간을 늘이기 위해 고안한 급식 기계는 인간 본성의 쾌락을 위협하고, 컨베이어벨트와의 경쟁적 속도전으로 내몰린 기계적 노동 행위는 질병을 만들며, 화장실 벽에서 튀어나오는 고용주의 환영은 노동자의 몸과 머리 속에 실시간 감시 카메라를 심어두어, 노동자는 언제 어디서든 자신의 행위가 관리자에 의해 감시되는 자기통제 시스템에 갇히게 되었다. 빅브라더의 통제시스템은 내 안에 들어왔다.

그런데 초기 산업 자본주의 시대에 묘사된 인간의 형상이 과연 과거형 영화적 현실에 불과할까? 영화는 기계의 속도를 따라 잡지 못하는 주인공이 컨베이어벨트 톱니바퀴 속에 몸이 끼이는 사고를 상상의 이미지로 구현했다. 우리는 2018년 외주업체 소속 비정규직 청년 노동자가 컨베이어벨트에 끼여 압사한 소식을 접하고 경악했다. 영화의 이미지가 실제 현실이 된 상황에서 영화 속 자본의 현실이 과거의 것으로 이해될 수 없다. 영화적 상상력은 우리의 현실을 앞서지 못한다. 우리의 노동 현실은 현실의 이미지보다 더욱 충격적이다. 그동안 알려지지 않은 수많은 압사 사고가 있었으며 청년 노동자의 압사 사고 이후에도 유사 사건들이 발생하고 있기 때문이다. <모던 타임즈>에서 보여주는 자본주의 체제 속 비인간적 노동 조건은 불행히도 현재형이다.

(2) 우리는 불법 노동자(Workers, 호세 루이스 바예 감독, 2013년, 멕시코)

이 영화는 두 가지 다른 이야기로 구성되어 있다. 한 성실한 이민 노동자가 제도의 모순에 의해 노동 착취를 '합법적'으로 당하는 이야기와 사회통계에도 정확하게 파악되지 않는 가사 노동자들이 주인의 사적 소유물로 전락하여 노동 착취를 평생동안 강요받는 이야기이다.

◆ episode 1 : 종신 노동

대기업 전구 회사에서 평생을 성실하게 일한 주인공(청소부)은 명예퇴직 날 면접에 신고 갈 새 구두를 고른다. 늙음은 고통의 끝이며 축복이라고 말을 건네는 신발 가게 주인에게 주인공은 30년 동안 일한 회사를 퇴직하며 자신에게 주는 선물이라고 답한다. 퇴직 심사 날, 대형마트 전구 진열대에 들러 자회사 제품을 맨 앞줄로 정렬해 두고 나오는 주인공의 애사심은 그의 몸에 새겨진 문신만큼 영구하다.

그런데 이런 그에게 퇴직과 퇴직금 지급이 불가하다는 결정이 떨어진다. 그의 입사 기록이 없다는 이유에서였다. 사실 그는 30년 전부터 홀연 단신 멕시코에 살고 있는 엘살바도르 출신 불법 체류자이다. 그가 미국 이민을 선택하고 엘살바도르를 떠나왔을 때 멕시코 정부가 베트남 전쟁에 참전하면 시민권을 보장해 준다는 정책을 발표했다. 그래서 그는 미국 이민을 포기하고 전쟁에 참전했지만 이후 정부의 말이 달라져 멕시코에 불법 체류자로 남게 되었다. 지금까지 그를 고용하고도 이런 형편을 모를 일 없었던 회사는 30년간 결근과 휴가 한 번 없었던 성실성을 이용하여 청소부로 회사에 계속 남아 일을 하라는 결정을 내린다. 대신 이민국에 신고하지 않겠다는 위협과 함께. 그의 퇴직일은 그의 사망일이 된 것이다.

문맹이던 그는 퇴직을 하면 일 하느라 배우지 못했던 글자를 배우겠다고 오랫동안 다짐해왔다. 그는 쓸 일없는 펜을 주머니에 항상 넣고 다녔다. 회사가 일방적으로 종신 노동을 결정한 순간부터 그는 무릎을 꿇고 화장실 바닥을 닦아야 했다. 수많은 비눗방울이 그의 새 구두를 더럽혔다. 그리고 문맹에서 벗어나겠다는 꿈도 한순간에 물거품이 되었다.

종신 노동을 일방적으로 강요받고 10년이 지난 어느 날 흰머리 할아버지가 된 주인공은 '읽던 신문'을 중단하고 회사 감독실로 불려간다. 회사 임원진이 둘러앉은 자리에서 CCTV 화면이 돌아간다. 화면 속에는 물을 틀어놓고, 전등을 깨며, 전기를 켜 놓고, 회사 기물을 파손하는 주인공의 모습이 보인다. 우리의 주인공은 회사의 부당함에 저항해 그동안 몰래몰래 회사 재정에 손해를 입히는 사보타지(Sabotage)를 해 왔던 것이다. 회사는 그것을 확인하자마자 그 자리에서 그를 쫓아낸다. 불법 고용을 한 회사는 그에게 손해배상책임을 물을 수 없었다. 주인공은 짐을 들고 회사를 나오며 미소를 짓는다. 그렇게 그는 종신 노동에서 벗어나게 된다.

◆ episode 2 : 개를 주인으로 모시는 가사 노동자

천식을 앓고 있으며 휠체어를 타는 대저택 여주인은 몸이 불편함에도 짙은 화장과 정갈한 외모를 잃지 않고 살아간다. 그녀와 그녀의 저택은 정원사, 운전사, 간병인, 가사 도우미(집사)의 노동에 의해 한결같이 깨끗하게 유지되기 때문이다. 가사 노동자들은 이 집에서 청춘을 바쳤다.

여주인은 골칫거리 친자식을 내쫓고 말 잘 듣는 개(프린세스)를 자식으로 삼았다. 그녀가 애지중지하는 자식은 개였다. 여주인은 자식(프린세스)이 더러운 곳에 가거나 흉측한 것을 보거나 나쁜 걸 먹기를 원하지 않았다. 집사는 사람의 침대 위에서 잠을 자는 프린세스에게 아침마다 양질의 육고기를 갖다 바치고 잘 먹는지 곁에 서서 지켜보아야 했다. 프린세스가 아프기라도 하면 프린세스를 품에 안고 운전사가 모는 벤츠 자가용을 타고 병원으로 달려갔다. 프린세스에게 언제나 클래식 음악을 들려주고 더럽고 추한 것이 보이면 프린세스의 눈을 가렸다.

여주인과 개를 떠받치며 살아가던 가사 노동자들에게 어느 날 여주인의 사망 순간이 닥친다. 평생 일을 했어도 자기 차를 가져 본 적 없는 운전사, 무엇을 하고 싶어도 노쇠해져 이제 아무것도 할 수 없게 된 집사, 대저택에 갇혀 일만 하다가 젊음과 아름다움을 흘려보내버린 간병인은 집주인의 사망으로 진짜 자신들의 삶을 살 수 있을 것이라고 기대하기 시작했다. 매일같이 30년 동안 해 오던 일을 이제는 그만 둘 수 있을 것이라 생각했다.

그러나 여주인의 유언은 그들에게 박제된 짐승의 삶을 명령했다. 여주인은 프린세스에게 모든 유산을 상속하고 프린세스가 자연사하는 날 노동의 대가를 지불한다는 유언을 남겼다. 고용한 여주인이 없어져도 그들의 육체와 삶은 물건처럼 사유화되어 자식(개)에게 오롯이 상속되었다.

안방 침대는 이제 프린세스의 차지가 되었고 가사 노동자들은 개의 종이 되어 이전과 똑같은 삶을 살게 되었다. 그러던 어느 날 집사는 늙고 힘 빠진 자신의 목숨보다 프린세스의 수명이 길 것이라며 프린세스를 살해할 작정을 한다. 집사는 프린세스의 죽음이 자연사로 판명되기 위해 동료들과 공모하여 프린세스를 교묘하게 학대하기 시작했고 1년 지나 자연사 판정을 받는다. 그리고 서로의 정을 뒤로 하며 각자 새로운 삶을 찾아 여주인 집을 떠난다.

기발하면서도 통쾌한 이 영화는 제도권에 흡수되지 못한 이민자와 가사 노동자들이 노동 현실에서 착취당하는 이야기를 그렸다. 이민자 노동과 가사 노동은 그들의 자격과 자질이 법적 인정을 받지 않아 노동력이 착복되는 영역이다. 특히 가사 노동자들은 노동자 카테고리에 정확하게 측정되지 않아 전통적으로 그들의 신체가 고용주에게 상속되는 집단이다. 고용주의 사적 소유물로 여겨지는 노동자들이다. 고용주에게 이들은 더없이 완벽한 노동자이다. 그들은 하나같이 정갈하고, 정확하고, 성실하게 일을 한다. 국가가 사회통합제도 마련의 책임을 방기하여 불법 체류자가 되어버리는 이민자들도 법률적으로 위법한 존재이지만 실체적으로 성실한 시민이다. 그들의 노동의 질은 그들의 사회적 지위만큼 값싸지 않다.

제도권에서 보호받지 못해 인간의 존엄을 농락당하는 제도권 밖의 노동자들이 현실을 타개할 수 있는 유일한 방법은 사보타지이다. 오직 노동자 스스로가 사활을 건 투쟁에서 자신을 지킬 수 있다. 그래서 이들은 스스로 희망을 쟁취하는 적극적인 삶의 주체일 수밖에 없다. 영화에서 보여주는 노동자들의 통쾌한 복수는 마르크스의 계급론에서 노동자가 사회 변화의 역사적 주체임을 보여주는 투쟁 행위이다. 계급 투쟁만이 인간의 운명을 구할 수 있다는 마르크스의 주체적 태도는 오늘날 여전히 요구된다.

2) 노동과 개인

오늘날 우리는 노동의 인간화를 구현하는 제도적 장치(법, 노조)가 무력화되는 신자유주의 경쟁 체제에 살고 있다. 노동량과 생산량을 극대화하는 노동 구조 속에 개인들은 순응하며 열심히 일하며 살아간다. 인간에게 주어지는 과도한 경쟁적 삶의 활동이 인간성 제거와 굴종의 삶을 도출함에도 우리는 현실 체제에 순응하며 살아간다. 우리는 왜 이토록 강렬하게 종속된 삶을 살아가는 걸까?

(1) 노동과 개인의 자세

『피로사회(2012)』는 과잉노동에서 비롯된 인간의 수동성을 이야기한다. 이 책에서 인간의 활동이 과잉 상태에 빠질 때 인간은 역설적으로 과잉 수동성의 상태에 빠진다고 말한다. 활동이 과잉되면 즉각적인 자극, 충동에 순응하고 주체적 조정 능력을 결핍하여 하지 않을 수 있는 힘을 상실하는 정신의 몰락, 탈진 상태가 된다. 활동 과잉은 인간 스스로가 자유로운 행동을 할 수 없게 되는 수동적인 인간을 생산하기에 개인은 외부 자극에 단순하고 기계적이고 반복적인 반응을 한다고 이해할 수 있다.

강수돌(2012:91~92)은 탈락의 두려움 때문에 현실에 순응하며 열심히 일한다고 말한다. 개인은 직장이 요구하는 성과와 업적을 달성하여 우수한 평가를 받아 회사에 살아남기를 원한다. 수시로 행해지는 구조 조정에서 개인은 생존을 위해 자신의 삶을 일과 동일시하고, 생계 해결을 위해 자아실현과 자기 개발을 각오하여 시스템 논리를 내면화한다. 흥미, 적성 등 내재적 동기보다 돈, 포상, 승진과 같은 외재적 보상이 자아실현의 동기가 된다. 회사는 직무훈련, 경력개발, 동기부여 프로그램을 만들어 노동자의 능력, 사명감을 지속적으로 고취시킨다.

문제는 생존을 위한 '순종의 주체화'가 인간과 삶의 가치를 왜곡시키는 데 있다. 자신과 노동을 동일시하는 현상은 능력 제일주의 믿음을 형성한다. 능력주의는 자기 개발과 경쟁 논리를 내면화한 자아실현의 절대적 태도가 된다. 개인은 능력이 만들어내는 성공 신화를 믿으며 결과 지향주의 태도를 추구한다. 또한 자신의 노력에 대한 대가를 인정받아야 한다는 자기중심적 이해 요구와 생존 본능을 강조한다. 승자가 되기 위해 비굴해지는 것도 개인의 능력이 된다. 사회적 관계나 회사의 일에 적극적으로 나서는 태도(이른바 '사회성')도 성공의 능력으로서 개발되고 칭송된다. 승자독식과 각자도생의 사회는 사회적 배려와 희생, 공감을 동반하지 않는다. 능력주의는 "나만 잘 되면 돼!", 나는 보상받기 충분한 노력을 다했으며 성공은 응당 나의 것이라는 지극히 편협한 세계관을 양상한다.

능력주의와 승자우월의 세계관은 인간 중심의 노동권 보장이 인정되지 않는 사회 구조에서 잉태된다. 기업이 원한다면 고용인들을 언제든 쉽게 해고할 수 있는 기업 위주의 노동 구조, 퇴직과 실직, 무주택 등의 상황에 처했을 때 물질과 재정 보조를 보장하지 않는 열악한 사회제도는 "내 목숨은 내가 지킨다"는 밥줄 중심의 각자도생 구조를 강화할 수

밖에 없다. 정부가 노동 구조를 개선하지 않고 개인의 능력과 부에 의존하는 삶을 강화할수록 개인은 현실 순응의 태도와 왜곡된 삶의 가치를 견지하게 된다.

(2) 노동의 의미

개인에게 노동은 개인적 삶의 근간과 사회적 가치를 구성하는 매우 중요한 삶의 요소이다.

① 개인이 부여하는 노동의 의미[9)]

노동은 가장 우선적으로 경제적 필요를 충족시키는 생존 수단의 의

---

9) 노동 관련 인터뷰 재인용(Lim Ji-Young(2010), 「Les cadres coréens en France entre culture nationale et culture internationale」, Université Paris 5)

A: "일은 세상을 이해하고 자신을 발전시키는데 기여해요. 단순하게 돈의 문제가 아니죠."

B: "저는 생각을 팝니다. 일과 싸우고요, 일을 놀이처럼 여깁니다. 일을 잘 했을 때 만족감을 가져요. 노동 없이 살아갈 수 없을 것 같아요. 나는 일어났을 때 오늘 할 일을 먼저 떠올립니다."

C: "일 없이 살아가는 것을 상상할 수 없어요. 일을 하지 않는다는 것은 인간의 존재를 가치화하지 않는다는 것입니다."

D: "언제나 최선을 다해야 한다고 생각을 해요. 일을 마쳤을 때, 많은 일이 이루어졌을 때, 정말 만족스러워요. 만족감은 더 많은 일을 할 수 있는 원동력이 돼요."

E: "제가 막 일을 시작할 때 저 스스로 목표를 정했어요. 이 업종에서 다섯 손가락 안에 들어본다. 그래서 나는 매우 열심히 힘들게 일을 했습니다. 나는 내 열정과 삶을 모두 불태웠어요. 시간이 지나면서 일이 재미있어지고 열정이 커지는 거예요. 5년이 지나니 제 일과 능력에 자신이 생겼어요. 지금 제가 50살인데, 더 이상 승진이 제 인생의 목적이 아니에요. 지식과 나 자신의 가치를 발전시키는 것에 있어요."

F: "40살부터 우리는 많은 양의 일을 할 수 있게 됩니다. 이때부터 자기만족의 시기이죠. 왜냐하면 이미 획득된 경험과 지식이 있어서 일을 어떻게 해야 할지 알기 때문이에요. 더 쉽게 상황을 지배할 수 있고 어떤 것을 개발하는데 더 유연하고 창조적인 생각을 할 수 있게 돼요."

미를 가진다. 생존을 위한 노동의 수단적 의미가 일차적으로 획득되면 베버(1919~1922/2003)의 의미에서 노동은 소명 의식과 자아실현의 의미로 확장된다. 사람들은 노동의 형태가 무엇이든 일을 해야 한다고 생각한다. 일을 잃는 것은 삶의 의미를 잃는 것과 다름없고 노동 활동을 통해 존재가 증명될 수 있다고 생각한다. 개인이 노동에 부여하는 자아의식과 자아실현의 의미는 매우 중요하다.

노동에 대한 열정과 의지는 자아가 구성하는 직업 정체성의 핵심이 된다. 강력한 직업 정체성은 일에 대한 애정에서 형성된다(Dubar, Tripier, 2005). 사람들은 열정과 의지를 가지고 일상의 업무에 최선을 다한다. 직업적 성취에 대한 욕망과 열정은 업무의 난관을 극복하게 하고 새로운 환경에 적응하게 한다. 일에 대한 애정은 직업적 의무의 실행 동기로 작용한다. 노동은 의지와 열정을 바탕으로 새로운 삶을 현실화하는 의미를 가진다. 개인들은 노동의 결과에서 얻게 되는 사회적 성공에 높은 만족감을 느끼며 자신의 삶을 평가한다.

노동은 개인이 사회에 통합되거나 소외되었느냐를 판단하는 가장 결정적인 요소이다. 개인은 노동의 형태에서 자연스럽게 사회에 참여하게 된다. 사람들은 사회 구성원의 삶에서 도태되거나 제외되기를 원하지 않는다. 노동은 개인에게 가장 적극적인 방식의 사회적 참여 수단을 의미한다.

② 노동의 의미 변화

세대마다 공유되는 노동의 의미는 사회 변화에 따라 달리 유지되고 전승된다. 근대사회 이전의 노동은 신체 소유와 관련되어 개인의 사회적 위치를 나타낸다. 신체가 누구에 의해 소유되었느냐에 따라 소작농이나 귀속 노예 등 그 사람의 사회적 지위가 드러났다. 근대사회에 들어와 노동의 의미는 아담 스미스(Smith, 1776/2014)에 의해 새롭게 부여된다. 노동은 부를 생산하는 의미를 가지게 되었다. 상품 교환이 발아하던 시대 노동의 추상적 의미가 최초로 발생했다.

고전 사회학자들은 노동을 경제 발전의 핵심 요소로 이해했다. 산업자본주의에 들어서며 노동의 의미는 크게 발달했다. 노동은 노동 분화에 의해 사회적 변화를 이끈 동인이었다.

노동은 생산, 교환, 분배 관계를 변화시키는 근대 사회를 분석하는 핵심 개념이 되었다. 마르크스는 노동 관계에서 사회적 관계를 설명했다. 마르크스에게 노동은 역사와 사회를 분석하는 개념이었다. 노동은 자본주의 발달사를 설명하는 전무후무한 사회 분석 개념이었다. 마르크스의 노동 개념은 자유 경제주의 힘에 눌려 노동자의 신체와 정신이 무력화되던 시기 노동과 자본 간 불균형을 지적하며 노동자 권리와 사회보장제도를 요구하는 계기가 되었다. 뒤르케임은 노동 분화에서 사회적 관계와 사회적 긴밀성을 설명했다. 노동의 분화는 개인들이 서로 연결될 수 있는 연대를 생성하여 개인을 결속시키는 결과를 낳았다.

오늘날 노동은 노동 시장, 업무 조직, 고용과 실업, 노동 관계 등 광범위한 분석 영역에서 의미를 가진다. 국제 경쟁시대 기업 경쟁력을 위해 기업은 전문 지식뿐만 아니라 노동 관계의 전문화 방침이 불가피했다. 조직 구조의 합리화를 통해 노동의 인간적 요소와 연대 형태 등의 변화를 동반했다. 오늘날 노동 분석은 정치사회경제의 쟁점이 되었다.

노동의 의미는 사회적, 역사적, 문화적 관계에서 다양한 의미를 지닌다. 노동은 괴로움과 고통의 의미를 가졌었고 개인의 신체권 박탈과 타인에 의한 속박을 의미했었다. 이후 노동은 자연을 지배하고 인간성을 구현하는 의미로 작동했다. 그것은 필요한 물질을 창조하는 생산 활동에 게으름을 제거하는 윤리가 되었다.

노동은 개인의 사회적 평가와 성공의 가치를 만들고 사회적 정체성을 형성한다. 직업 활동은 사회적 교환이 이루어지는 과정이다. 개인은 직업 활동에 특정 의미를 부여하며 특정 가치를 내면화된다. 개인의 삶은 노동 시장과 사회보장제도와 같은 사회적 연대와 관련되어 있다.

노동은 어느 시대에서나 개인 삶의 중심에서 개인과 사회를 분석하는 중심의 역할을 한다.

2장

에밀 뒤르케임
(Emile Durkheim, 1858~1917)

에밀 뒤르케임(Emile Durkheim)은 마르크스와 베버와 함께 사회학 역사에서 3대 아버지로 불리는 중요한 인물이다. 뒤르케임은 사회학의 창시자로서 사회학 학문 체계를 구축하고 대학의 사회학과와 교육학과를 창설한 사람이다. 뒤르케임에 의해 '사회학자'라는 직업이 탄생했고 사회조사기관과 사회연구기구가 만들어졌다. 뒤르케임은 '프랑스사회학파(*Ecole française de sociologie*)'를 만들며 학술지 「사회학연보(L'Année Sociologique, 1898)」를 창간하는 등 사회학 학문을 발전시킨 가장 사회학자다운 사회학자이다. 마르크스와 베버에게 사회학자라는 명칭은 뒤르케임이 사회학을 정초한 이후에야 붙여졌을 뿐 그들은 애초 다른 명칭의 학자들이었다. 뒤르케임의 사회학이 오늘날 우리의 사회학을 존재하게 한 것이다.

뒤르케임은 유대교 제사장(랍비) 집안에서 태어나 프랑스 로렌지방에서 자랐다. 그는 자연스럽게 종교인이 될 수 있는 환경에 놓여졌으나 종교보다 정치와 사회에 관심이 많았다. 뒤르케임은 성실한 학생이었고 파리 명문 엘리트 고등학교인 루이그랑(Louis Grand)과 파리고등사범학교(École Normale Supérieure)를 졸업하고 1882년 철학 교수자격증을 딴 후 고등학교에서 교사 생활을 시작한다. 1887년 보르도 대학의 교수가 되고 1902년 소르본 대학 교수가 된다.

뒤르케임은 학자로서 신중하고 조심성 많고 학문에 대한 열정과 책임감이 강하면서 원칙에 엄격한 사람이었다. 그는 과학적 학문으로서 사회학을 구축하고 도덕과 이성에 근거한 새로운 사회 체제를 구현하는데 평생 노력했다. 뒤르케임 사회학은 19세기 산업사회의 도래, 도시의 성장, 빈곤층의 증가 등 새로운 사회 현상이 발생하던 프랑스 3공화국에서 탄생했다. 유럽 사회에 불어 닥친 사회적 변화는 뒤르케임에게 도덕적 위기와 다름없었다. 뒤르케임은 개인의 열망이 사회적 규범 안에서 해결되지 않는 아노미 상태를 막을 수 있도록 사회를 개혁하는 과학의 필요성을 주장했다. 뒤르케임 사회학은 19세기 과학주의와 실증주의가 팽배하던 과학과 이성의 시기에 새로운 사회 개혁의 열망(사회주의)으로 출현했다.

뒤르케임은 인간 행위를 감정이나 관념으로 이해하는 기존의 연구 방법과 단절하고 사회 현상을 '사물'로 인식하여 인과 관계를 증명하는 실증적 방법을 선택했다. 실증적 추론을 통해 원인을 탐색하고 일반 법칙을 도출하는 경험적 방법을 추구했다. 그는 사실(가치)을 인식할 수 있는 특성을 밝힘으로써 사회 현상을 객관적으로 증명할 수 있다고 생각했다.

뒤르케임은 1903년 「사회학과 사회과학(*Sociologie et sciences sociales*)」에서 다른 학문(경제, 역사, 지리학, 인류학)과 사회학의 연구 대상을 구분하면서 사회학을 과학의 과학이라고 주장했다. 여타 사회과학의 학문이 사회학의 과학적 방법론을 채택하지 않을 수 없다는 뒤르케임식 '사회학 제국주의'를 우려할 만큼 사회학 방법론을 발전시켰다.

뒤르케임은 박사학위 논문이자 첫 번째 저서인 『사회분업론(*De la division du travail social*, 1893)』에서 개인주의가 팽창하던 근대 사회에 개인의 사회적 결속력이 어떻게 유지될 수 있는지 검토했다. 이후 사회학자로서 그의 입지를 확실하게 다져 준 『사회학적 방법론의 규칙들(*Les Règles de la méthode sociologique*, 1895)』에서 사회학이 무엇이고 사회학이 과학이 되는 조건을 다루었다. 그는 새로운 과학으로서 사회학 연구의 방법론적 규칙을 정의했다. 오늘날 어떤 사회과학자도 이 책을 피해갈 수 없다. 『사회학적 방법론의 규칙들』에서 정의한 방법론적 원칙은 『자살(*Le Suicide*, 1897)』에서 자살 현상을 설명하는 데 적용되었다. 그는 통계 자료를 사용하여 자살의 원인이 심리적인 이유가 아닌 사회적 요인에 있음을 증명했다. 뒤르케임의 『종교적 삶의 원초적 형태들(*Les Formes élémentaires de la vie religieuse*, 1912)』은 종교가 구성하는 모든 형태에서 사회의 역할을 설명한다. 사회는 사회적 결속력과 도덕성이 유지될 수 있는 종교적 역할을 한다.

1. 뒤르케임 사회학 방법론 : 사회적 사실

뒤르케임이 1895년에 출판한 『사회학적 방법의 규칙들(*Les Règles de la méthode sociologique*)』은 경험적 연구에 대한 방법론 책이다.[1] 뒤르케임은 이 책에서 '사회적 사실(fait social)'의 과학을 탄생시킨다. 사회적 사실은 뒤르케임 사회학의 연구 대상이었다. 사회적 사실은 '개인 외부에 존재하는 방식이며 개인이 느끼고 생각하고 행위하는 모든 방식'이다. 『사회학적 방법의 규칙들』은 사회 현상의 세계를 관찰하는 방법을 설명한다.

1) 『사회학적 방법의 규칙들(1895)』 : 뒤르케임의 연구 대상

(1) 관념론과의 단절

뒤르케임은 그 시대 대다수가 선택한 연구 경향과 결별하고 새로운 과학으로서 사회학을 구축하려 했다.

뒤르케임은 그의 책에서 기존의 사회 연구방식을 소개하며 그의 사회학이 차별적임을 보여준다. 뒤르케임에게 사물이 아닌 개념은 직접적인 연구 대상이 아니었다. 콩트와 스펜서는 사회를 관념과 관습, 역사에 의해 설명했다. 콩트가 사회현상의 특성을 사물로 인식했지만 연구 대상

---

1) 1894년 "철학잡지(*La Revue Philosophique*)" 37~38권에 최초로 실림.

을 인류 발전 과정으로 삼았기에 연구 대상은 관념이었다. 스펜서에게 과학의 대상은 인간성이 아닌 사회였지만 그 사회도 선입견에 해당하는 관념이었다. 뒤르케임은 유토피아적인 역사적 결정주의를 거부했다.

뒤르케임에게 상식의 개념은 저속한 경험의 산물이며 과학의 연구 대상이 될 수 없었다. 하지만 그동안 관념(상식, 선입견)이 연구 대상이 된 이유는 인간이 알고 있는 관념으로서의 법, 도덕, 가족, 국가사회가 인간 삶의 필요조건이고 인간 행위를 통제했기 때문이다. 그래서 관념이 실체로서 사실 연구를 대체하고 실례나 증거가 부차적이게 되었다.

뒤르케임은 관념이 객관적 사실을 연구하기 위한 과학적 방법이 될 수 없으며 사물과 대립적 인식체계를 구성한다고 말한다.

(2) '사회적 사실'의 과학

뒤르케임은 데카르트 이론(본질/형태)에서 영향을 받아 사회학 연구 대상을 형태에서 파악한다. 뒤르케임은 사회학을 과학이라 말할 수 있는 조건(연구 대상과 연구 방법)을 제시함으로써 뒤르케임 사회학의 독자성을 보여줬다. 뒤르케임 사회학의 연구 대상은 '사회적 사실'이었다. 사회적 사실은 다음과 같이 정의된다.

> 사회적 사실은 개인의 외부에 존재하고, 개인이 행위하고 생각하고 느끼는 방식이며, 개인에게 행사되는 강제력을 지닌다(Durkheim, 1895/1988:97).

뒤르케임에게 사회적 사실은 우리의 행위, 생각, 감정을 결정하는 모든 방식이다. 그것은 우리 외부에 존재하고 개인에게 강요된다. 외재성과 강제성은 사회적 사실의 특성이다.

사회적 사실은 물질적인 구성체(법, 도덕, 신앙 규칙)를 획득하고 형태를 얻어 행위의 양식으로서 존재한다. 이것은 한 개인에 의해 생성되지 않으며 반복적이고 연속적인 습관에서 재생산되고, 교육에 의해 전달되고 공식화되어 영구적으로 존재한다(Durkheim, 1895/1988:100~101). 사회적 사실은 외재적 표상체계로서 개인들에게 강제되는데 사회적 존재 양식은 개인행위의 표상체계로 작동하기 때문이다. 사회적 사실은 의지의 산물이 아니고 우리의 행위를 어쩔 수 없이 형성시키는 틀과 같다.

> 사회적 사실들은 새로운 종류를 구성하고 사회적인 것의 자격은 사회적 사실에 제공되고 축적되어 있다(위 책, 97).

사회학의 대상은 물리학의 연구 대상이 인간 신체에 대한 관념이 아니듯 사회학의 연구 대상 또한 자연 현상과 구별되는 인간 삶의 실제 현상이다. 뒤르케임은 "사회적 사실을 사물처럼 취급하라(Les faits sociaux sont traités comme des choses)"고 규정하며 사회적 사실(사회(집합) 현상)이 실제 사물처럼 객관적으로 다루어져야 한다는 점을 밝히고 있다. 사회적 사실은 과학으로서 경험적으로 증명될 수 있어야 한다.

(3) 뒤르케임의 사회학

뒤르케임은 관념론과 결별하고 과학주의에 근거하여 사회적 사실의 과학 사회학을 구축했다. 그는 사회학이 인간들이 형성한 고정 관념을 해체하고 과학적이지 않은 시선, 즉 감정적 시선을 버려야 한다고 강조한다.

뒤르케임은 사회학의 대상이 자연의 법칙과 같다고 단언한다. 이것이 사회학과 심리학이 구분되는 지점이다. 뒤르케임의 사회학은 사회적 사실을 사물로서(자연과학처럼) 취급한다. 뒤르케임은 사회 현상의 원인을 밝혀내는 객관적인 연구를 지향했고 실증적 수단(관찰, 비교, 실험, 통계)을 통해 과학성을 추구했다.

> 사회 현상은 사물이고 사물로서 다루어져야 한다. 이것을 증명하기 위해서 자연 철학을 논의할 필요가 없다. [⋯] 사회적 현상이 사회학자에게 제공된 유일한 자연임을 인정하는 것으로 충분하다. [⋯] 사물로서 현상을 다루는 것은 현상을 자료로 취급하는 것이며, 그것은 과학의 시작점이다. 사회적 현상은 이 특성을 명백하게 보여준다(Durkheim, 1895/1988:120).

사회적 사실을 이해하는 하나의 방법은 통계적 수치다. 상관관계를 분석하고 변수를 찾는 것은 전체 논증에서 증명되어야 한다. 뒤르케임은 과학이 정의의 틀에서만 존재하며 정의의 규정이 이론 성립의 시작이라고 말한다.

뒤르케임의 사회적 사실은 당시 학계에 큰 논란을 불러일으켰다. 뒤르케임의 사회적 사실이 과학적 인식 방법으로서 매우 독창적이었기 때문이었다. 논쟁의 핵심이 되었던 그의 방법론을 설명하기 위해 두 편의 서문이 필요했을 정도였다. 『사회학적 방법의 규칙들』의 제1판 서문(1895)은 오늘날의 우리에게 고루하다시피 한 형이상학적 사고의 탈피를 말했다면, 6년 후 새롭게 작성한 제2판 서문(1901)은 방법론적 논쟁의 핵심 즉 사회적 사실(연구 대상)이 사물로서 취급되어야 하는 사실과 그것의 성격(외재성과 강제성)을 설명하고 있다. 프랑스 대학교육 과정에서 제1~2판 서문은 본문만큼 오히려 더욱더 적극적으로 학생들에게 읽기가 권장된다. 왜냐하면 이 두 서문이야말로 우리가 뒤르케임 방법론에서 명확히 알고 이해해야 할 것이 무엇인지 알려주기 때문이다.

2) 『사회학적 방법의 규칙들(1895)』 서문의 내용과 의미

(1) 제1판 서문 : 형이상학적 관념 거부

뒤르케임은 제1판 서문에서 사회 현상 분석에 필요한 과학적 정신을 적극 천명하고자 과학 정신에 위배되는 요소를 제시했다. 그것은 고정관념, 상식, 선입견이다.

> 우리는 여전히 모든 질문을 사회학적 논의에 방해가 되는 상식으로 해결하는 데 대단히 익숙하다. 이를 극복하려 해도 상식은 주의할 틈도 없이 우리에게 강요된다. […] 생각하는 방식으로서의 상식은 늘 정신에 실재하고 사회 현상에 대한 과학적 연구에 유리보다 불리해서 (우리가 갖는) 즉각적인 인상에 늘 주의해야 한다(Durkheim, 1895/1988:71~72).

뒤르케임은 우리가 사회 현상을 판단할 때, 자동적으로 무의식적으로 개입되는 고정관념, 상식, 선입견의 존재를 지적하며 그것과의 단절을 요구한다. 고정관념은 우리가 새로운 관점에서 인간 질서를 이해하도록 도와주지 않기 때문이다. 뒤르케임에게 고정관념은 과학성 획득을 불가능하게 하는 방해 요소이다. 그럼에도 불구하고 우리가 관념론으로 사회적 삶을 이해하는 데 익숙한 것은 관념론의 포기가 곧 유물론자로 추락되는 것과 같기 때문이라는 것이다(Durkheim, 1924/2014).

> 우리는 이상적, 논리적 개념으로 사회적 삶을 표상하는 데 익숙하고, 공간에

서 규정하는 객관적 조건의 집합적 발전을 말하는 데 조야해서 물질론자로 취급될 가능성이 없지 않아 있다(Durkheim, 1895/1988:73).

뒤르케임은 사회적 현실에 대한 무분별한 사색가이기를 거부했다. 이것은 그가 경험, 이성, 진실을 중시한 합리주의자라는 말이기도 하다. 그의 합리주의 태도는 제2판 서문에서도 나타나는데, "우리의 규칙은 존재의 근본에 대한 어떤 형이상학적 개념이나 사색을 내포하지 않는다."(Durkheim, 1895/1988:79)고 밝힘으로써 뒤르케임은 인간 행동과 사회 현상의 이유를 이성과 과학으로 설명하려 한다.

사회에 대한 과학이 있다면, 과학은 일반적 선입견 수준이 아닌, 사물이 나타내는 것과 다르게 사물을 보게 해야 한다. 왜냐하면 모든 과학의 목적은 발견하는 데 있고, 발견은 일반적으로 수용된 의견을 깨뜨리기 때문이다(위 책, 71).

제1판 서문에서 뒤르케임은 우리에게 익숙한 관념이 과학적 사고에 위배된다고 말하지만 관념(고정관념, 상식, 선입견)을 단절하는 방법, '어떻게'를 짚어두지 않았다. 단지 사회적 현상 이해에 필요한 새로운 과학적 태도를 요구했을 뿐이다.

(2) 제2판 서문 : 사회적 사실과 특성

제2판 서문은 사회적 사실과 과학적 정신을 설명한다.

① 사회적 사실과 사물

사회학의 연구 대상은 '사회적 사실'이다. 뒤르케임은 사회적 사실을

'사실을 사물처럼 취급하라'고 말한다. 뒤르케임은 사회 내에 존재하는 사회적 사실을 물질이 만들어내는 실재성과 유사한 것으로 설명하고 있다.

> (사회적 사실과 물질적 사물의) 동일시 효력과 의미를 크게 오해하는데, […]. 사회적 사실이 물질적 사물이라고 말할 수 없지만 다른 방식에서 물질적 사물과 같은 자격을 갖는다(Durkheim, 1895/1988:77).

사회적 사실은 '마치 사물처럼' 물질로서 외재하는 것이다. 이때의 '사물'은 자연 현상처럼 단순한 물리적 사물이 아니라 내부적 특성과 연결된 외재적 존재로서의 사물이다.

> 어떤 질서의 사실을 사물로서 취급하는 것은 실제 카테고리에 분류하는 것이 아니다. 그것은 어떤 정신적 태도를 관찰하는 것이다(위 책, 77). […] 이 개념(집단이 가진 개념)은 단순히 내부적 관찰에 의해서만 가능하지 않은데 […] 그 개념이 민감하게 드러나는 외부적 표시를 찾아야 한다(위 책, 80~81). 우리가 제안하는 것은 […] 과학이 다루어야 하는 사실을 인지하기 위해, 그것을 다른 것과 혼동하지 않기 위해, 몇몇 외부적 표시로 나타내는 것이다(위 책, 87).

뒤르케임은 사실에 대한 이해가 개념에 의해서 불가능하다고 판단하고 자연 현상처럼 외부적 존재(사물화)를 상정한다. 그는 사회적 사실의 내부적(정신적) 특성을 외부적 존재에서 이해하려는 이원주의 관점을 취한다.

뒤르케임은 사회적 사실이 고유한 정신적 성격을 내포하고 있기에 단순한 물질적 사물이 아니라고 말한다. 과학적 법칙을 발견하기 위해 사회 현상이 사물처럼 여겨져야 한다는 말을 하고 있다. 사회적 사실의 사물화는 사회학 연구의 과학주의를 말하는 것이다.

② 집합의식과 고유성

사회적 사실은 고유성을 가진 집합의식이다. 사회는 개인의식을 토대로 구성되는데 사회학적 측면에서 사회의 구성물은 심리학에서 말하는 단순한 개인들의 개인의식과 다르다.

> 사회적 사실은 심리적 사실의 특질과 다르지 않다. […] 그러나 집단의식의 상태는 개인의식의 상태와 다른 본성을 가진다. 다른 종류의 표상이다. 집단의 정신성은 개인의 정신성이 아니다. 그것 자체의 고유한 법칙이 있다. 두 과학은 별개이고, 그것 사이의 관계에서, 명확하게 구별된다(Durkheim, 1895/1988:82~83).

> 사회적 삶의 소재, 물질, 주제는 단순히 심리학적 요소, 즉 개인의식의 상태에 의해서만 설명될 수 없다. […] 집단적 표상이 드러내는 것은 집단에 영향을 미치는 대상과의 관계 방식이다. […] 같은 주제, 같은 대상을 말하지 않는 표상은 같은 원인을 갖지 않는다. 사회가 그 자체로 드러내는 방식을 알고 세계가 그것을 둘러싼 방식을 이해하기 위해서 개인의 본성이 아닌 사회의 본질을 고려해야만 한다(위 책, 83).

뒤르케임에게 집단의식은 개인을 넘어선 집단에 의해 발생된다. 따라서 집단의식은 개인 내부가 아닌 개인 밖에 있다. 그것은 사회의 부분적 구성요소가 아닌 '고유한' 사회적 사실로서 사회 현상을 생산한다.

뒤르케임은 사회적 사실의 특성을 쉽게 이해할 수 있도록 청동을 예로 들어 설명한다. 청동의 성질은 각각의 재료인 구리, 주석, 납 때문이 아니라 그것들이 합성되어 새로운 성질을 띤다. 재료의 총합이 새로운 조합이듯 사회적 사실은 개인들의 조합을 넘어서서 고유한 성격을 갖고 독립적으로 존재한다.

뒤르케임은 외재적 사실로서의 집합의식은 개인의식의 총합이며 그것 자체로 독특한 성격을 가지고 사회적 사실로서의 법칙성을 지닌다고 강조한다.

③ 강제성(구속력)

사회적 사실은 개인 외부에서 개인이 행위하고, 생각하고, 느끼는 방식(la manière d'agir, de penser et de sentir, extérieure à l'individu)이다. 사회적 사실은 개인을 구속한다. 사회적 사실은 구속력과 강제성을 띠고 개인에게 행사된다.

> 행위하고 생각하는 집단적 방식이 개인 외부의 현실이고, 매 순간 개인들은 그것에 복종한다. 고유성을 가진 사물이다. 개인은 사회적 사실을 결정된 형태로 생각하고 그렇거나 그렇지 않도록 할 수 없다. 그것을 변형하기란 어렵고(불가능이 아니다), 다양한 수준에서 구성원들에게 물질적, 정신적으로 우월하게 관여한다(Durkheim, 1895/1988:89).

사회적 구속력은 사회적 신념과 실천에서 발생된다. 외재적 존재로서의 사회적 신념과 확신은 개인의 행위를 강요하는 구속력을 가졌다. 왜냐하면 그것은 '사회적인 것'이기 때문이다. 뒤르케임은 개인 외부에서 개인의 모든 삶의 형태를 결정짓는 힘의 원천을 찾았다.

> 사회적 구속력이 특별한 이유는 세부적 배치의 규율이 아닌 어떤 표상이 투여된 힘 때문이다. […] 습관은 우리를 지배하고 우리는 신념과 실천으로써 강제된다. 습관은 우리 내부에서 지배되며 개인에 따라 행사된다. 그러나 사회적 신념과 사회적 실천은 외부의 것이고 행사되는 영향력은 매우 다르다(위 책, 88~89).

사회적 사실은 사회에 의해 생산되는 것이기에 개인을 압도하고 개인은 사회적 지배를 변형하기 어렵다. 사회적 사실이 사회에 의해서 생산되는 모든 것이므로 개인은 어떤 방식으로든 사회에 구속력을 느끼게 된다. 그렇다고 그가 사회에 대한 개인의 복종주의를 말하지는 않았다.

> 신념과 사회적 실천이 외부에서 우리를 관통한다고 우리가 그것을 수동적으로 받아들이고 변화를 일으키지 않는다는 말은 아니다. 우리는 집단적 제도에 스스로 동화하여 그것을 개인화하면서 개인적 표시를 새긴다. 그래서 각각의 방식으로 세상을 색칠을 하고 물리와 다르게 적용한다. […] 개인주의적 색채가 없는 사회적 순종주의가 아닌 것이다(위 책, 89).

뒤르케임은 개인적 차원과 사회적 차원을 분리하고 개인의 자율성 개입 유무를 인지하고 있었다.

3) 사회적 사실의 논란과 규명

제2판 서문은 사회적 사실의 실체와 특징(외재성, 강제성)에 대한 뒤르케임의 설명이다. 뒤르케임은 사회학의 연구 대상인 사회적 사실과 과학성을 설명해야 했다. 그것은 사회적 사실에 가해진 오해에 대한 해명이기도 했다. 그의 사회학 방법론이 인간을 물질적으로 조건화시킨다고 단순하게 이해되었기 때문이다.

> 우리는 수차례 개인 인식이든 사회 인식이든 그것이 물질적이지 않고, [⋯] 일정 정도 체계화된 고유 현상의 총체임을 강조했다. 우리는 수차례 다양한 방법으로 사회적 삶이 표상물이라고 주장했으나 사회학의 정신적 요소를 제거한다고 비난받았다(Durkheim, 1895/1988:79, 75).

그것은 사회적 사실을 사물로 취급하라는 명제가 불러일으킨 오해였다. 뒤르케임은 자연의 사물로서 사회적 사실을 말한 적 없다. 사회적 사실을 어떻게 '사물과 같이' 연구해야 하는지 과학적 방법을 설명했을 뿐이다. 뒤르케임 방법론은 두 가지 측면에서 비난받았다.

(1) 물질주의에 대한 비난

뒤르케임은 협소한 의미에서 물질주의자가 되었다. 뒤르케임이 사회적 사실을 사물로 취급하라고 했을 때 그는 이 사물이 의식과 관계없는 물질이라고 말하지 않았다. 오히려 사회적 현상의 내부(정신)를 이해하기 위해서, '마치 자연 현상과 같이', 그것을 드러내는 외재적 형태를 상정하고 객관적 관찰을 위한 '사물화'를 강조했을 뿐이다.

> "사물이란 무엇인가? [⋯] 사물로서 어떤 질서의 사실을 취급하는 것은 현실의 어떤 카테고리에 분류하는 것이 아니라 어떤 정신적 태도를 관찰하는 것이다."(Durkheim, 1895/1988:77).

사회적 현상을 사물로 취급하는 첫 단계는 연구 대상이 무엇인지 '정의'하는 것이다. '정의'의 절차는 뒤르케임에게 사물이 되게 하고 관념과 결별하는 방법이었다. 그것은 증명과 입증의 가장 중요한 필수적 조건으로서 대상은 정의에 따라 사물이 되기도 하고 되지 않기도 한다. 정의는 내재적 속성(현상의 핵심적 요소로 특징짓기)을 드러내는 객관적 설명이고(이어야 하고) 외부적 특성에서 찾을 수 있다(Durkheim, 1895/1988: 120). 뒤르케임에게 사물은 사물의 근본 속성과 외형적 속성이 연결된 대상이다. 뒤르케임에게 관찰의 대상이 되는 모든 것은 '사물'의 특성을 가졌다. 뒤르케임의 사물은 의미만으로 사회적 사실의 특성을 이해하기 어렵다는 측면에서 이해되어야 한다. 사회적 사실은 실험, 비교, 관찰을 통해 외부적 특성에서 드러나는 내부(정신) 조건을 살필 수 있다.

뒤르케임은 과학적 정신에 열정적이었고 사회 현상을 사물로 취급하는 것은 사회 현상의 본성을 밝히는 가장 '과학적인' 방법이었다.

(2) 전체주의와 개인주의

사회적 사실이 개인을 구속한다는 특성은 뒤르케임 사회학의 핵심 논란이 되었다. 뒤르케임은 개인의 자율성과 주체성을 축소한다는 비난을 받았다. 뒤르케임은 전체주의를 대표하고 개인 의지와 이성을 축소한 인물이 되었다. 전체주의는 합리적이고 자율적인 사회적 행위자를 유일한 실재로 간주하는 개인주의와 배치되기 때문이다. 뒤르케임 사회학에서 개인의 존재는 사회가 기대하는 역할을 수행하는 제한적 존재로 추락한다.

그러나 뒤르케임의 집합의식(사회적 사실)은 개인의식의 단순한 반영이 아닌 개인의식과 개인의식의 새로운 총합 형태다. 집합의식은 각각의 개인이 능동적 교감과 상호작용의 과정에서 생성된다. 그 결과 집합의식은 독특한 성격을 가지며, 집합의식이 사회의 독자적인 양식이 되고, 표상체계로서 개인행동의 준거가 된다. 따라서 사회적 사실이 개인에게 강제된다는 특성에서 뒤르케임이 말하고자 했던 바는 '사회적인 것'의 우위성이다. 뒤르케임은 각 개인의식이 집합적 감정에 반응하면 그것은 집합에 내재된 원천적인 힘 때문이며 그 힘으로 개인이 전체에 의해 밀려간다고 했다(Durkheim, 1895/1988:103). 그 힘이 바로 '사회적인 것'이다.

그렇다고 사회의 우위성이 개인의 주체성과 자율성을 훼손하는 것은 아니다. 뒤르케임에게 개인행위는 사회구조의 결과로 발생되는 인과적 구조물이다. 행위가 사회구조를 설명하는 것이 아닌 집단성을 행위의 원인으로 삼을 때, 뒤르케임 방법론은 개인이 아닌 사회가 우선되어 이해된다.

오늘날 뒤르케임을 재해석하는 사람들은 뒤르케임의 범학문적 상황에 기초하여 그가 개인주의자였다고 주장한다. 뒤르케임이 과학의 시대를 위하여 인체 실험에 참관했을 때, 뒤르퓌스 사건 때 정부에 반하여 개인을 보호했을 때(Boudon, 2012), 뒤르케임에게 개인은 사회적 개인인 만큼 자율적인 개인이었다(Dubet, 2007).

뒤르케임의 사회적 사실은 정신적 도덕적 것으로서 객관성을 가지며 합법적으로 개인에게 강요된다. 사회적 사실은 객관적 조건이자 동시에 도덕적 의무가 되는 현실이다(Jonas, 1991:243). 이 현실은 순수하게 외부적 자연이 아니다. 인간의 운명을 결정하는 맹목적 자연 법칙이 아니라 인간 존재의 현실이자 정신과 도덕의 현실이다.

◆ 사회의 역할

뒤르케임의 사회는 개인에게 올바른 가치(도덕)와 제도(법, 가족, 정부, 국가)를 제공함으로써 개인을 사회적 개인으로 성숙시키고 사회에 통합시키는 역할을 한다. 우리는 사람들과의 관계를 통해 일상적으로 유지되고 만들어지는 가치, 의견, 원칙, 교훈 등을 자연스럽게 습득하며 산다. 사회적 행위와 사고의 형태는 주로 언어를 통해 체득된다. 너는(나는) 누군가의 남편, 아내, 아들 등 그렇게 되어야 하거나 그렇게 된 이유에 대한 의문을 갖지 않고 규범과 규율, 사회적 역할과 지위를 배운다. 우리의 사회적 행위와 사고의 형태는 외재적이고 그것이 개인에게 주어짐으로써 개인은 거부할 수 없다. 뒤르케임에게 범죄란 구속적인 연대가 위협받는 행위이다.

2. 뒤르케임의 사회

19세기 프랑스 사회는 정치적, 사회적, 경제적 변화의 소용돌이 속에 있었다. 정치적으로 개혁의 물결이 거세었고, 사회적으로 개인주의가 종교의 위상을 대체하고 경제적으로 노동 분화가 새로운 삶의 형태를 결정짓는 경제적 토대가 되었다. 뒤르케임은 『사회분업론(*La division du travail social*, 1893)』과 『자살(*Le suicide*, 1897)』에서 개인과 사회의 결속 문제에 주목하고 사회구성이론을 전개했다.

1) 『사회분업론』 : 기계적 연대와 유기적 연대

뒤르케임은 개인과 사회의 결속 관계에 천착했다. 그는 『사회분업론』

에서 사회적 연대를 기계적 연대와 유기적 연대로 구분하고 그 특징을 살폈다.

(1) 기계적 연대의 개인

기계적 연대로 지배되는 사회의 개인들은 같은 가치, 감정, 규범을 가진 가진다. 같은 공동체의 구성원으로서 개인 간 유사성이 짙다. 개인들이 차별적이지 않음으로 사회는 하나로 단결되어 있다. 기계적 연대에 의해 지배되는 대표적인 사회는 고대사회(원시사회)이고 각각의 개인의식은 공동체의 감정에 지배된다. 기계적 연대의 사회에서 공동체 의식은 개인의식의 가장 큰 부분을 차지한다.

> 공동체 의식은 개인이 처해진 특별한 조건에 종속된다. [⋯] 공동체는 세대마다 변화되지 않지만 계승적으로 세대를 서로서로 이어준다. 공동체 의식은 개인적 의식과 완전히 다른 것이며, 그것은 개인에 의해서 실현될 뿐이다. 공동체 의식은 존재의 조건, 우선권을 가진 사회의 물리적 형태라고 하면 된다(Durkheim, 1893/1994:46).

기계적 연대에 의해 지배되는 사회에서는 사회적 명령이 강력한 힘을 가진다. 사회적 명령이 공동체 의식을 토대하기 때문이다. 공동체 의식이 강할수록 사회적 명령과 금기(범죄)에 대한 분노가 강하다. 공동체 의식이 해야 할 것과 아닌 것, 믿을 것과 아닌 것의 구체적 명령을 결정하고 개인은 명령과 금기에 복종한다. 특정 상황에 대한 공동의 감정(기쁨, 분노)을 가진다. 사회적 의식(공동체적 의식)은 개인의식을 구성한다. 기계적 연대 속 개인은 그 어떤 누구와도 대체될 수 없는 유일하고 중요한 존재이다.

(2) 유기적 연대의 개인

19세기 사회의 특징은 노동 분화이다. 뒤르케임에게 사회적 차이는 노동 분화에서 비롯되었다. 노동 분화는 다양한 직업 활동을 의미한다. 근대 사회 사람들은 생산량(수익)의 효율성을 위해 분화된 형태의 노동 활동을 한다.

노동 분화에 따른 사회적 차이는 뒤르케임에게 인간들의 투쟁적 삶이 평화적으로 해결되는 수단과 같았다. 뒤르케임은 다윈의 이론을 소개하며 인간이 동물 세계에서처럼 타자를 제거하는 방법보다 서로 구별된 존재로서 존재하기 위해 사회적 차이가 발생했다고 주장한다. 사회적 차이는 개인들의 무한 경쟁을 멈추고 개인의 사회적 역할을 구성하도록 요구한다. 경쟁 관계가 치열할수록, 함께 일을 할수록, 개인 간 교환과 소통의 정도가 커질수록, 사회적 차이는 강화된다. 뒤르케임에게 노동 분화에 따른 사회적 차이는 기계적 연대에 통합할 수 없는 사회적 결속 상태(유기적 연대)를 낳게 한 요인이었다.

유기적 연대 사회에서 개인 간 차이는 두드러지고 공동체 의식은 축소되고 개인은 각자가 믿고 바라는 대로 자유롭게 행위한다. 금기와 위반, 사회적 명령에 대한 개인 해석은 다양화된다. 원시사회에서 도덕과 규율은 공동체가 엄격하게 구체적 기준을 제시하지만 노동 분화가 발달된 사회(유기적 연대)에서는 보편적이고 추상적인 성격을 띤다.

근대 사회의 특징은 사회적 차이의 발생이며, 사회적 차이는 공동체 의식이 약화와 개인의 자유를 가져온 조건이 되었다.

(3) 사회의 구성

『사회분업론(1893)』은 사회조직을 구성하는 사회적 결속력을 설명했다. 기계적 연대에 의해 구성된 근대 이전의 사회는 사회적 집단 간 유사성(획일성)의 원리에 의해 지배되었다. 공동체(집합) 의식은 개인들 간의 긴밀한 연대를 형성했다. 하지만 사회 집단과 사회 조직이 분화되고 발달된 근대 사회에서는 사회적 결합이 유사성에 의한 기계적 연대로 보장되지 않고 사회의 기능에 따른 유기적 연대의 원리로 지배된다. 유기적 연대는 차이성(다양성, 상호보완)에 의해 지배된다. 개인들의 유사성에 의해 결속된 전통 사회에서 집합 의식은 강하고 노동 분화 정도는 약하다. 개인들의 차이성에 근거하는 근대 사회에서 집합 의식은 약하고 노동 분화는 발달했다. 전통 사회에서 근대 사회로의 이행은 개인 자율화의 객관적인 조건(개인 능력 인정, 공동체의 영향력 감소)을 만든다.

뒤르케임은 『사회분업론』에서 사회조직이 붕괴되지 않고 함께 존재하는 원리를 설명하고, 무한한 인간의 욕망을 통합하여 개인적 가치를 사회적 차원에서 사회화하는 조건을 톺아보았다.

2) 『자살론』 : 개인과 사회의 결속력

『자살론(*Le suicide*, 1897)』은 노동 분화에 따른 사회적 결속력을 자살 현상을 통해 증명한 책이다. 뒤르케임은 『사회분업론』에서 개인주의는 근대 사회의 구성 원칙이 되었고 개인은 차별적이게 되었다고 했다. 그는 『자살론』에서 한 걸음 더 나아가 공동의 가치가 약화되는 개인주의 사회는 비통합의 위협을 알게 되고 사회적 결속력이 약해지면서 자살률의 증가를 유발한다고 지적한다.

(1) 자살 : 사회적인 것

뒤르케임은 근대 사회에서 개인이 사회에 통합되지 않는 현상에 주목했다. 직업 사회에서 일어나는 노동자의 부적응 현상이나 개인의 자살 현상은 규범 체계가 강했던 기계적 연대의 사회에서 두르러지지 않았기 때문이다.

뒤르케임은 『자살론』에서 어떤 상황에서 개인들이 자살하는지 밝히고자 하였다. 그는 자살의 심리학적 소인과 사회적 요인을 구별하고 다양한 지역, 가족, 종교에서 발생하는 자살률을 검토하여 자살의 결정 요인을 찾았다. 뒤르케임은 자살이 모방 현상에 따른 결과라는 기존 해석과 결별하고, 심리 이상 상태와 자살의 빈도가 관련있다는 해석에서도 멀어진다.

뒤르케임은 개인적 현상으로서의 자살과 사회적 현상으로서의 자살을 구별했다. 그는 자살이 개인적인 것처럼 보이지만 개인이 혼자 절망에 빠져 자살할 때, 사회는 개인에게 주어진 현실로 존재한다는 점에서 사회의 중요성을 강조했다. 그에게 자살의 원인은 사회적인 것이었다.

뒤르케임은 상황에 따라 변하는 자살률의 4가지 유형을 만들었다. 첫째, 이기적 자살의 유형이다. 이기적 자살은 종교와 가족 등 사회적 제도와의 관련성에서 도출되었다. 이 자살 유형의 사람들은 무기력 상태에 빠져있으며 삶에 대한 애착이 결핍되어 있다. 남자, 미혼, 자식이 없는 가족 구성원에게서 이기적 자살률이 높게 나타난다. 이기적 자살은 개인의 끊임없는 욕망 추구, 집단과 사회에 소속되려고 노력하지 않는 태도 등에서 발생한다. 뒤르케임은 모든 자살은 기본적으로 이기적 자살의 특징을 가진다고 보았다.

둘째, 이타적 자살의 유형이다. 이타적 자살은 개인의 생명권보다 사회적 명령과 희생이 우선되어 개인의 자살을 유발하는 형태이다. 군인들의 희생, 대의를 앞세운 영웅의 죽음 등이다. 이타적 자살은 종교 사회, 부족 사회, 공동체 사회에서 빈번히 발생한다.

셋째, 숙명적 자살이다. 뒤르케임은 숙명적 자살 유형의 자살을 이타적 자살과 유사하게 설명하고 있다. 숙명적 자살 또한 개인보다 사회적 환경에 의해서 자살이 유발되는 형태이다.

넷째, 아노미적 자살 유형이다. 아노미적 자살은 역사적, 사회적, 정치적, 경제적 위기 등 사회적 격변기에 나타나는 자살 형태이다. 사회 속 개인의 존재에 위기가 닥칠 때 발생하는 자살이다. 아노미적 자살은 경제적 순환 구조와 통계적 상관관계를 나타낸다.

뒤르케임에게 '아노미'란 사회가 개인에게 특정 규범을 제시하지 못한 무규범의 상태를 뜻한다. 개인이 집단에 통합되지 않는 비통합 상태이다. 따라서 아노미적 자살은 개인과 집단 간 연대의 약화(사회적 비통합)로 발생하는 자살이다. 이혼 위기의 부부(주로 남자)에게 발생하는 자살도 (가족)집단(제도)에 개인이 통합되지 않았기에 아노미적 자살이다. 뒤르케임이 아노미적 자살을 규정함으로써 자살의 원인이 집단, 사회, 종교의 사회적 힘에 있으며 사회가 개인을 통합하지 못하는 현상에 있음을 보여주었다.

자살률은 가톨릭 신자들보다 기독교 신자들 사이에서 더 높았고, 가톨릭 신자들의 자살률은 유대교 신자들보다 더 높았다. 뒤르케임은 가톨릭 신자들과 기독교 신자들의 차이가 가톨릭 종교가 다른 칼뱅교나 루터교보다 제도적이라는 점을 강조한다. 성직자와 교계(敎界) 제도는 자살률과 관련하여 큰 역할을 담당하고, 교리와 예배는 신자들을 정기적으로 모으는 역할을 하고, 종교에 의해 강요된 규율은 더욱 구속력이 있으며, 교구는 신자들의 규칙적인 교회 출석을 보장한다. 기독교는 더 개인적이고 내면적이며 외부적 구속력이 최소화된다. 기독교 신자들은 가톨릭 신자들보다 종교적 공동체에 덜 의존적이다. 가톨릭 신자 간의 상호작용은 빈번하게 일어나고 집단에 의한 통제가 강하지만, 공동체적 구속으로부터 자유로운 기독교 신자들은 돈독한 공동체가 만드는 보호로부터 벗어난다. 이러한 공동체는 그들 구성원의 행동을 통제하지만 동시에 개인들을 보호한다. 유대인들의 경우, 그들의 공동체가 가톨릭 신자들의 공동체와 비슷한 정도로 구속적이지만 그 효과는 박해로 인해 하나로 뭉쳐지는 유대인 소수자들의 상황에 의해 한층 더 강화된다. 가족사회의 경우, 뒤르케임은 기혼자들의 자살률이 미혼자나 혹은 사별한 사람들보다 낮고, 결혼한 부부가 아이를 가졌을 때 가족으로부터 얻는 안정감의 효과가 가장 크다는 것을 목격한다. 혁명, '정치적 혼란', '국내 전쟁'과 같은 '거대한 정치적 동요'가 있을 때 자살률은 떨어진다. […] 자살은 종교사회, 가족사회, 정치사회에 통합한 정도와 반비례하여 나타난다. 만약 이러한 사회가 자살을 억제하는 영향력을 가진다면, 그것은 사회 각각의 개별적 특성에 따른 결과 때문이 아니라 사회 전체에 공통적으로 관계되는 원인 때문이라는 것이다. […] 따라서 우리는 일반적인 결론을 내리게 된다. 자살은 개인이 속한 사회적 집단의 통합의 정도에 반비례한다(슈나페, 2012:32~33).

뒤르케임에게 자살은 개인적 현상이지만 원인은 사회적인 것이었다.

뒤르케임은 어떤 개인이 자살을 한다면 그것은 심리적 요인(신경질환, 신경쇠약)이 내재된 현상이지만, 사회적 상황이 심리적 소견에 결정적인 영향을 준다고 생각했다. 왜냐하면 개인은 삶의 조건에 영향을 받기 때문이다. 뒤르케임은 개인이 사회의 힘에 복종한다는 점을 부각시켜 자살의 원인을 공동체에서 찾았다.

『자살론』은 『사회학적 방법의 규칙들』에서 설명한 방법론을 사회 현상 분석에 적용한 책이다. 사회적 현상을 사물로 취급하는 첫 단계는 연구 대상이 무엇인지 '정의'하는 것이다. 뒤르케임은 『자살론』에서 우리가 일반적으로 알고 있는 자살 현상(고정관념에 근거한 심리적 현상으로서 자살)을 정의하고 그것을 통계로 반증하며 새로운 의미의 자살(사회적 것)을 정의했다.

하지만 뒤르케임의 『자살론』은 그가 사용한 통계 자료의 신빙성에서 비판받는다. 우선 통계 대상의 수적 부족(100~300명)이 불완전하고 부분적인 결과를 생산했다는 점이다. 특히 몇몇 종교 관련 통계는 당시 해당 집단에서도 부정되었다. 또한 통계 조사는 자살을 시도한 표본 집단을 대상으로 했기 때문에 실제 자살의 원인을 이해하는 데 신뢰성을 떨어뜨렸다(Aron, 1967/2001:343~344). 하지만 끊임없이 욕망하는 인간 존재에 사회의 역할을 강조한 점에서 뒤르케임의 연구 성과는 혁혁하다.

(2) 근대 사회의 위기와 극복

뒤르케임에게 근대 사회는 사회적 차이, 활동 과잉, 교환 경제로 특징된다. 근대 사회는 협약(contrat)의 관계가 아닌 노동 분화에 따른 사회적 차이에 기초했다. 노동의 분화에서 비롯된 사회적 기능 차이와 전문화는 개인주의 현상을 낳았다. 개인주의는 다양한 사회적 기관들이 협력하여 기능하도록 개인들의 협력을 요구한다.

근대 사회에서 개인은 무규범 상태에 위협받는다. 자살률은 개인주의 사회의 특징이다. 개인에 대한 공동체적 연대의 약화는 자살과 같은 부정적 결과를 양산한다. 자살률은 개인들이 사회에 참여하고 통합될수록 낮아진다.

뒤르케임에게 근대 사회는 병리학적 현상과 사회 비통합 현상을 내포한다. 근대적 개인은 다양한 이유(실망, 분노, 희망, 만족)에서 불균형적인 인식을 할 수 있다. 왜냐하면 근대적 개인은 자의식이 강하고 사회에 과잉요구를 하는 경향이 있기 때문이다.

> 근대사회가 개인이 자신의 개성을 표현하는 것을 격려할수록, 개인은 모든 사회적 삶에 내재된 교육(규율)의 필요성을 잊어버리는 위험에 처한다. 뒤르케임이 이것을 '이기적 자살(suicide égoïste)'이라고 규정하듯이 개인은 그 자신 이외에 더 이상 어떤 것도 고려하지 않는다. 통제가 약화될 때 자살률은 증가하는데 왜냐하면 개인은 그들의 끊임없는 욕구를 통제하는 규율을 더 이상 알지 못하기 때문이다. 바로 이것을 뒤르케임은 '아노미적 자살(suicide anomique)'이라고 했다. 그러나 이런 사실에서 통합과(통합의 약화는 이기적 자살의 비율로 드러난다) 통제는 (통제의 약화는 아노미적 자살의 비율로 나타난다) 긴밀하고 불가피하게 연결되어 있다고 할 수 있다. "그것은 일반적으로 같은 사회적 상태의 다른 두 가지 모습일 뿐이다. 따라서 그것이 한 개인에게서 동시에 나타나는 것은 놀라운 것이 아니다. 이기주의자들이 일정 정도 무절제한 태도를 가지는 것은 거의 불가피하다. 왜냐하면 이기주의자들은 사회와 결별되었음으로 개인을 규제하는 사회가 이기주의자들의 태도에

충분한 영향력이 없기 때문이다."(슈나페, 2012:37~38).

뒤르케임은 기존의 사회 질서와 개인의 삶을 위협하는 근대 사회를 비정상적인 것으로 받아들일 수 없다고 생각했다. 그렇다면 개인은 병리학적 사회 현상으로서 이기적 상태에 머무르게 되는 걸까? 뒤르케임은 근대 사회에서 증가하는 사회적 차이로 인해 인간과 사회가 새로운 협력에 의지할 수밖에 없다고 생각한다.

> 각 개인은 노동이 분화되면 될수록 사회에 더욱 밀접하게 의존하고, 각 개인의 활동이 전문화될수록 개별화된다(Durkheim, 1893/1994:101).

근대사회에서 개인들의 관계는 노동 분화에 의해 강화되고, 노동 분화가 내포한 협력 기능으로 개인은 결속된다.

뒤르케임은 『사회 분업론』의 두 번째 서문에서 개인을 공동체에 통합시킬 수 있는 최고의 훈련은 직업 집단(협력조직)에 의해 가능하다고 밝히고 있다. 개인은 직업 집단에 소속되어 민주적 시민 교육을 통해 사회적 개인으로서 성숙하며 사회 결속력을 유지할 수 있다.

(3) 사회적 결속

뒤르케임의 사회학적 주제는 개인과 사회(집단)의 결속 관계였다. 개인에 앞선 사회는 언제나 우선이었다. 이것은 마치 닭이 먼저냐 달걀이 먼저냐의 문제와 유사해 보여도 뒤르케임에게 사회는 중요한데 개인 자체로 '사회적인 것'을 설명할 수 없기 때문이다.

뒤르케임이 이해한 인간은 그가 왜 사회를 강조하는지 설명해준다.

개인적 인간은 욕망과 이해에 밝아 사회적 질서를 보장하지 않는다. 욕망은 언제나 사회적 개인의 의무와 역할보다 앞선다. 개인의 욕망이 앞서는 사회가 되면 인간관계의 연대가 보장되지 않고 개인은 고립되어 불만을 느낀다. 사회적 연대는 사회적 개인에 의해서만 지속될 수 있다. 뒤르케임에게 사회적 개인은 사회적 연대를 지탱할 수 있는 조건이 된다.

뒤르케임에게 개인주의 사회의 문제는 낮은 공동체 의식이다. 개인들 간 차이에서 비롯된 외적 갈등과 개인 내면의 충동에서 비롯된 내적 갈등이 사회적 연대를 형성하는 데 방해 요소였다. 뒤르케임은 자신의 안위와 이해관계를 앞세우고 그것을 끊임없이 요구하는 인간들에게서 사회적 연대를 형성하는 방법은 공동의 삶에 대한 교육이라고 생각했다. 뒤르케임은 우월적이고 권위적인 힘에 의해 개인적 인간이 사회적 개인으로 훈련될 수 있다고 믿었다. 개인에게 명령할 수 있는 힘은 바로 사회였다. 뒤르케임은 도덕과 가치(존엄, 정의 등)에 대한 교육이 개인주의 사회에서 반드시 필요하며 교육을 통해 개인은 투쟁과 경쟁의 상태에서 벗어나 안정적 삶을 살 것이라고 생각했다. 그는 공통의 가치를 제시하는 사회가 개인의 판단과 행위 능력을 길러줌으로써 개인은 사회적 연결망에 소속되어 심리적 안정감과 공동체 의식을 함양할 수 있다고 믿었다.

뒤르케임이 역설하는 사회의 기능은 개인주의 서양 사회에서 어떻게 공동체 의식이 강할 수 있는지 설명한다. 그것은 개인들도 그들의 삶이 행복해지는 데 사회의 기능을 인지하기 때문이다. 사회가 제시하는 도덕과 가치 그리고 공동체의 원칙이 개인 존재의 당위라고 인식하기 때문이다.

뒤르케임은 개인주의 사회에서 개인을 공동체에 통합할 수 있는 가족, 종교 집단, 정치적 집단, 국가 등 제도의 기능을 고찰했다. 가족 집단은 근대 사회에서 경제적 기능을 담당하게 되면서 사회 통합의 역할이 축소되었으나 사회의 최소 단위로서 개인과 공동체 사이의 중개자 역할을 수행할 수 있었다. 가족 집단은 공동체 의식(공동의 가치)이 약화된 근대 사회에서도 공동체 의식을 유지할 수 있는 제도이다. 하지만 개인이 국가와 정치 집단을 직접 경험하기에는 요원했다. 한편 근대 사회에서 종교 집단의 도덕성이 다양한 개인을 통합시킬 수 없었다. 그래서 뒤르케임에게 근대사회에서 개인을 사회에 통합시키는 제도는 직업 공동체였다. 뒤르케임의 표현으로 협력조직(corporation)인 직업 공동체가 개인에게 공통의 가치와 행위를 제공하는 역할을 할 수 있었다.

3)『종교 생활의 원초적 형태』: 종교의 사회적 역할

뒤르케임은『종교 생활의 원초적 형태(*Les formes élémentaire de la vie religieuse*, 1912)』에서 사회적 결속력의 본질을 밝히려는 노력을 이어갔다. 뒤르케임에게 근대 사회는 종교적 제도의 약화, 신성성의 소멸, 아노미의 확산, 도덕적 규칙의 결핍으로 이해되었다. 도덕주의자이며 사회 개혁가였던 뒤르케임은 사회의 기능을 가장 원초적인 형태인 종교 원리에서 설명하려고 했다. 그는 사회적 결속력과 도덕 회복의 원칙을 종교적 원칙에서 찾았다.

(1) 종교와 사회

뒤르케임은 부족 집단의 토테미즘 연구에서 사회의 구성을 이해했다. 종교는 비개인적이고 익명의 초월적인 힘에 의존하며, 이 힘은 신성적인 것으로서 공동체에 강력하게 작용한다. 뒤르케임에게 개인에게 확산된 이 익명의 힘, 신성적인 힘은 사회였다. 그에게 종교는 신에 대한 믿음, 초자연, 신비의 개념이 아니었다. 왜냐하면 사회가 가진 힘은 개인성을 초월하고 개인에 의해 실행되기 때문이다. 사회는 개인보다 앞선 현실이고, 개인에게 명령하며, 존엄, 희생, 감탄의 감정과 느낌을 제공한다. 따라서 사회는 우리 속에 있는 신성의 감정을 일깨워 신성적인 것의 대상이 되는 것이다.

(2) 종교의 사회적 역할

종교는 신성적인 것을 전제하고, 신성적인 것과 관련한 믿음의 구성(기관)이며, 믿음의 관례와 실천 방식을 조직한다. 신성적인 것은 사물, 신앙, 의식의 전체로 구성된다. 종교는 믿음의 상징과 그것을 재생하는 실천의 행위 방식에 의해 존재한다.

> 종교적 표상은 집단적 현실을 나타내는 집단적 표상이다. 종교적 관례란 행위 방식이다(1912/2003:13).

> 종교는 분리되고, 금지되고, 신성적인 것과 관련된 것들에 대한 믿음, 의례(실천)의 연계 체제이다. 종교는 교회라고 불리는 같은 도덕적 공동체에 가입된 모든 사람들을 모은다(위 책, 65).

뒤르케임은 종교가 구성하는 모든 형태에서 '사회적 역할'을 해석한다. 종교는 사람들을 모아서 특정 형태의 의례를 통해 종교 사회의 가치, 규범, 질서를 개인에게 체득시키는 역할을 한다. 종교가 사회적 통제와 규범의 역할을 하는 것이다. 의식과 공동체 행위는 개인들을 집단의 힘에 참여하게 한다. 축제나 예식은 개인을 공통의 실천, 유사한 행위(춤)를 하게 함으로써 사람들을 결속시킨다. 뒤르케임은 개인을 결속시키는 이 특별하고 초월적인 힘이 공동체에 있으며 공동체의 힘이 신성적인 것이라고 말한다. 모든 종교적 의식은 공동체의 힘에서 비롯되었다. 뒤르케임에게 종교는 공동체 현실, 즉 사회의 변형된 모습일 뿐이다. 사회는 공동체적 삶에서 신이나 종교를 창조한다. 이로써 정치적, 경제적 혁명의 시기에 새로운 신앙, 가치, 믿음이 생기는 현상도 설명할 수 있다.

『종교 생활의 원초적 형태』에서 뒤르케임이 말하는 종교는 사회적 삶이다. 근대 사회에서 사회는 종교의 대체물이 된다. 사회는 세속적 가치의 이름으로 사회적 긴밀성이 강화될 수 있도록 종교적 역할을 한다. 사회는 근대의 새로운 신성성이고 인간성을 구현하기 때문에 개인들의 희생과 결집이 요구된다. 『종교 생활의 원초적 형태』에서 사회는 개인들의 믿음, 감정, 표상, 실천(실제)의 총합이다.

3장

막스 베버

(Max Weber, 1864~1920)

막스 베버(Max Weber)는 1864년 독일 에르푸르트(Erfurt)의 한 개신교 부르주아 집안에서 태어났다. 그의 조부는 산업 부르주아(섬유)였고 부친은 법률가이자 정치가였다.

베버는 대학에서 법, 역사, 경제, 철학, 종교를 공부하고, 1889년 법학 박사가 된 후 1891년 베를린(Berlin) 대학에서 정치경제학을 가르쳤다. 이후 프라이부르크(Fribourg, 1894), 하이델베르크(Heidelberg, 1896) 대학에서 강의를 지속했지만 사회학을 가르치진 않았다. 당시 프랑스의 뒤르케임 사회학이 위세를 떨칠 때 베버는 뒤르케임 사회학을 부정하며 사회학자가 되는 것을 거부했다. 베버가 자신의 이해사회학 이론을 체계화시켰던 1910년 이후에서야 스스로를 사회학자라고 규정했을 뿐이다. 베버는 사망 1년 전 1919년 뮌헨(Munich) 대학에서 사회학을 처음으로 가르쳤다. 베버는 독일 사회학의 창시자로서 '독일사회학회'를 조직했다. 그는 극심한 신경정신병을 앓고 대학 강의를 중단(1898~1903)하기도 했다.

베버는 『경제와 사회(*Wirtschaft und Gesellschaft*, 1919~1920)』, 『프로테스탄티즘의 윤리와 자본주의 정신(*Die protestantische Ethik und der 'Geist' des Kapitalismus*, 1905)』, 『종교 사회학(*Gesammelte Aufsätze zur Religionssoziologie*, 1915~1920)』 등 주요 저서를 남겼다. 그는 비교학적 관점과 문화사적 측면에서 근대 사회의 종교와 정치 현상(권력, 정치기관)에 주목하였다. 하지만 비교 문헌 자료에 대한 그의 해석과 서술방식이 명료하지 않아 그의 사상을 정확히 이해하는 데 어려움을 준다. 그의 사회학적 방법론의 개념도 난해하다. 더구나 그의 글들이 애초 논문 형식으로 쓰여졌고, 사망 후 아내와 지인들에 의해 책으로 출판되었기 때문에 저서의 목록과 이론을 단계적으로 종합하여 파악하는 방식에도 한계가 있다.

『경제와 사회(1919~1920)』는 베버의 대표작이며 사회학 방법론에 관한 책이다. 베버는 이 책에서 이해 사회학의 핵심 개념인 사회적 행위와 지배 관계 유형을 설명한다. 『프로테스탄티즘의 윤리와 자본주의 정신(1905)』은 베버가 세계적 사회학자로서 도약할 수 있었던 책이었다. 그는 이 책에서 근대 자본주의 정신에 관계한 개신교 윤리의 영향력을 살피고 있다.

베버 사회학은 개인이 행위에 부여하는 주관적 의미를 강조하고, 개인 행위의 합리화가 사회적 변화를 이끄는 기제로서 설명되는 점에서 독창적이다. 하지만 놀랍게도 베버는 개인의 의지와 합리화를 중시하는 민주주의자가 아닌 민족자유주의였다. 그가 사회학적 이론에서 중요하게 다루어야 할 법한 일반의지, 민중의 권리, 민주주의, 이데올로기 개념은 힘 있는 국가와 정부에 비해 주요 관심사항이 아니었다. 베버는 철혈정치가 비스마르크(Bismark) 시대를 경험하며 정부와 국가의 권력의 힘을 믿었으며 통일 독일이 세계의 정치 무대에서 위상을 펼치기를 원했다. 그는 1914~1918년 전쟁 기간에 바이마르 위원으로 활동하기도 했다.

1. 사회학 방법론

베버가 살던 당시 뒤르케임 사회학을 중심으로 '사회적 물리학'이 위상을 떨쳤다. 사회적 물리학은 인간 행동의 보편법칙을 추구한다.

베버의 사회학 방법론은 자연 현상의 물리적 법칙이 인간 행동의 사회과학 법칙에 적용되는 것이 부적절하다는 입장이다. 베버 사회학의 연구 대상은 자연적이고 기계적이고 외부적인 원인이 아닌 개인과 집단의 행동이다. 베버는 특정 상황에서 생성되는 특정 가치의 관계적 규칙성에 주목한다. 베버 사회학은 개인의 사회적 행위와 상호 작용의 결과를 이해하려 한다. 베버에게 사회적 자연 법칙은 무의미한데 왜냐하면 개인 행동은 애초 목적과 반드시 일치하는 결과를 이끌지 않기 때문이다. 개인 행위는 특정 문제를 만들기도 하고, 행위와 관련된 의미가 시간에 따라 생성되기도 한다.

뒤르케임의 자연과학적 원칙과 베버의 방법론적 개인주의 원칙은 방법론의 논란을 일으켰다. 우리 모두가 인정하는 완벽한 조사 방법과 사회법칙이란 실제 불가능하다. 하지만 외부적 원인에 영향을 받지 않는 개인의 신념과 선택을 말하는 베버의 방법론 원칙에는 비약을 내포한다. 왜냐하면 사회적 환경과 조건에서 자유로운 개인의 선택은 거의 불가능하기 때문이다.

1) 사회적 행위

베버의 사회학은 사회적 행위의 과학이다. 그것은 사회적 행위를 이해하고(verstehen) 해석하여(deuten), 사회적 행위가 어떻게 전개되는지 설명한다(erklären). 우리는 베버의 사회학을 이해 사회학이라고 부른다.

베버 사회학은 개인 행위의 의미를 연구대상으로 삼는다. 그래서 인간 행위의 의미, 동기, 이유를 중요하게 생각한다. 베버는 개인 행위의 주관적 의미를 개념으로 구성하여 해석(deuten)하고 행위의 법칙을 설명한다(erklären).

사회적 행위는 개인 행동의 상호작용에서 설명된다. 개인적 행위는 다른 행위자와 다른 행동과 관련될 때 '사회적'이다. 사회적 행위는 다른 사람의 행동을 예측하게 하고 행동의 가능성을 만든다. 반면, 행동의 결과를 고려해 행위의 가능성을 제한하기도 한다.

베버는 개별 행위자들의 행동 결과를 연구함으로써 사회(구조) 변화를 설명할 수 있다고 주장한다. 베버는 사회적 역동성을 설명할 수 있는 핵심 개념을 행위의 합리성으로 생각했으며, 행위의 합리성이란 이성의 가치가 아닌 목적의 형식화와 그것의 달성(성공)을 위한 수단 확보를 의미한다.

2) 사회적 행위의 근거 : 이념형

베버는 행위의 근거를 합리성, 전통, 감정으로 구분하고, 인간 행위의 근거를 4가지 유형(이념형)에서 설명한다.

① 이념형의 구성

베버는 행위의 유형(이념형)을 비합리적 사회(전근대 사회)에서 개인에게 확산된 표상체계와 근대 사회에서 개인에게 형식화된 합법성의 형태로 구분하고 있다.

개인의 행위는 합리성에 관련되어 있다. 개인의 행위는 합리적 목적성과 사회적 가치를 바탕으로 개인과 집단의 관계에서 결정됨으로써 사회적 행위의 합법성을 갖게 된다. 예컨대 경제적 행위는 도둑질이 아닌 정당한 수단으로 재물을 획득하는 태도이다. 베버는 가치와 가치적

이념형-행위의 4가지 유형

4가지 행위 유형	행위의 근거
목적적 합리주의 행위	행위자, 개인, 집단이 수단, 결과, 목적을 합리적으로 성찰하여 추구하는 행위. 다른 사람들의 행동과 객관적 상황의 조건을 고려한 행위.
가치적 합리주의 행위	개인들이 느끼고 생각하는 가치와 절대적(민족적, 종교적) 조건에 규정된 활동.
전통적 행위	전통적 가치에 의해 결정되는 행위. 일상, 습관, 관례를 기계적으로 수용하는 태도(전통 습관, 의복).
감정적 행위	목적이나 형식이 고려되지 않은 반응. 복수, 기쁨, 희생 등의 감정과 본능으로 인해 즉각적으로 결정되는 활동.

합리주의를 구분하고 있는데 일반적으로 가치는 가치 합리성에 위배되는 가치이다. 개인 행위의 전략은 공동체적 믿음에 근거한다. 공동체적 믿음은 가치의 표상체계와 행위의 근거로서 개인에게 집단의 관점을 강요한다.

개인의 사회적 행위는 다양한 의미(전통, 감정)에서 선택된다.

개인은 자신의 소명 의식과 지위에 일치하는 우선적 행위를 선택함으로써 개인의 차별화와 주관성을 창조한다.

② 이념형의 성격

베버의 이념형은 사회 현상을 보편적 법칙에서 설명하려는 뒤르케임의 방법론과 다르다. 베버는 개인 행위의 의미를 일반화할 목적이 아닌 무엇이 어떤 시기에 특정 상황과 행동을 만드는지 설명하려고 한다. 이념형에서 보여주는 개인의 행위는 특정 기간 동안 규범과 규칙 체계에서 정의되는 행위 의미 체계이다. 이념형은 행위의 일반성이 아닌 개인 행위의 의미 체계를 이해하는 기준이다.

이념형은 행위의 동기와 실천, 사회적 관계, 집단과 전체의 관계에서 도출되는 다양한 의미 체계를 함축하고 있다. 개인의 행위는 사회적, 문화적 과정을 통해 합리화된 사회적 행위이다. 개인의 실천 동기는 중첩되고 연속적이다. 이념형은 다층적 내용을 단순성, 연결성, 가시성의 원칙에서 구성하고 있다.

베버의 이념형은 행위를 설명하는 관찰자와 행위자가 실행(이해)하는 행위의 의미 차이를 설명한다. 관찰자와 행위자의 가치와 의미 구성은 다르게 구성될 수 있다. 예컨대, 일반 시민으로서 개인 행위자가 국가,

관료제, 도시 등에 평가하는 의견과 해당 관련자로서 관료 혹은 기업인이 평가하는 생각은 다르다. 이념형은 관찰자와 다른 개인 간 행위를 비교할 수 있다.

베버의 이념형은 완벽한 행위 분석 이론이 아니다. 그의 분석 개념이 경험적 사실과 명확하게 구분되지 않기 때문이다. 베버의 이론은 동일한 행위가 역사적으로 반복되는 경험적 방법론의 설명과 일치할 수 있다.

2. 사회적 관계와 집단

베버의 입장에서 행동에 어떤 규칙성이 있고 행동이 반복되면 사회적 관계를 예측할 수 있다. 사회적 관계의 법칙은 오랜 기간 적용된 관례나 법에 의해 성립된다. 사회적 관계는 사회적 집단의 형성으로 나아간다. 따라서 베버에게 사회적 집단은 사회적 관계(인간 관계)의 본질을 설명한다.

1) 공동체와 사회

베버는 사회를 공동체(Gemeinschaft)와 사회(Gesellschaft)로 구분하고, 서로 다른 두 사회가 형성되는 과정의 논리를 통해 두 사회의 특징을 분석했다.

공동체와 사회는 공동체화의 과정과 사회화의 과정에서 결정된다. 공동체는 전통과 감정을 바탕으로 강한 소속감과 연대감을 형성하고 가족이나 연합 형태를 만든다. 전통과 감정은 개인이 지향한 행위의 동

베버의 공동체와 사회 구성 논리[2)]

	공동체	사회
행동의 특성	일상, 감정, 일상의 가치	목적적 합리성
지배적 사회적 관계	상속적(혈연적) 연대	의지적 상호 참여 확대
규칙성의 근거	관례	이해관계
합법적 질서	종교적 신앙, 가치의 신념	계약, 권리
합법성의 형태	전통적, 카리스마적	합법적(법률), 합리적
집단의 예	가족, 국가	기관, 기업

기이며 강한 연대감은 사회적 관계가 된다. 가족과 연합은 사회적 집단의 형태이다. 공동체의 합법성(정당성)은 전통적, 감정적인 요소에서 성립된다.

사회는 계약과 이해관계에 근거하여 구성원들의 자유로운 합의가 만든 기관, 기업 등을 말한다. 사회 구성원들은 이해관계, 목적과 규칙, 법률, 계약 등 합법적이고 합리적인 행위를 지향한다. 사회는 합리적 이해와 상호계약을 바탕으로 연대를 형성한다. 합법적, 합리적 연대가 사회적 집단이 존속될 수 있는 사회적 관계를 설명한다.

근대 사회에서 사회의 형태가 확산될 가능성은 크지만, 베버는 한 사회 안에 공동체적 특성과 사회의 특성이 공존한다고 말한다. 사회의 논리가 확산되어 공동체 집단이 사라지더라도 그 질서는 존속하기 때문

2) Ferréol et Noreck, 2010:50, 표 인용.

이다. 예컨대 가족 집단은 사회에서 공동체적 연대 논리로 지속되어 오고 계약적 관계는 감정적 가치와 공동체적 연대로 바뀔 수 있다.

베버의 사회적 집단은 행위 이념형과 마찬가지로 분석적 개념으로 평가된다. 베버는 개별적 집단이나 사회적 실체가 형성되는 역사적 상태를 설명하지 않고, 인간 집단의 성립과 인간 관계의 지향 논리를 분석하고 있다.

◆ 퇴니스의 사회적 집단 : 공동사회(공동체)와 이익사회(결사체)[3]

퇴니스(Tönnies, 1855~1936)는 공동체적 연대(Gemeinschaft)질서로 성립되는 공동사회(공동체)와 연합적 연대(Gesellschaft)질서의 이익사회(결사체)를 구분하였다. 공동사회 혹은 공동체적 연대의 원칙에 지배된 전통사회는 직접적이고 감정적인 관계를 근거로 하는 가족집단, 마을집단, 공동체적 집단이고, 이익사회 혹은 연합적 연대의 원칙에 의해 지배되는 근대사회는 분열되고 합리적이고 관료적이고 개인주의의 특징으로 이루어진다. […] 퇴니스는 '공동체'가 '계약적 지위로 변화', 달리 말해 '사회'로 전이하는 특징을 보인다는 점에서 진화론적 관점을 취한다.

퇴니스는 공동체가 자연스럽고 활동적인 특성을 가진 반면 사회는 기계적이고 인위적이라고 보았다. […] 공동체 […] 는 '피'의 관계로 맺어진 연대감이 지배하는 근원적 사회적 상태를 반영하고, 어머니와 자식을 결속시키고, '동물적 관계'에 대한 조치로서 남편과 아내를 결합하고, 형제자매를 결속시키는 연대의 힘을 가진다. 이러한 피의 공동체는 공간의 공동체를 형성하여 공동 주거의 형태를 나타낸다. 이웃과 친구와의 우정은 공동체적 형

3) 슈나페, 2012:42~46, 인용.

태의 연대를 가진다. […] 공동체적 삶은 공동체 속에 개인들이 그들의 존재를 완전하게 가담시켜 완전하고 전체적인 관계를 보장한다. 그러한 삶은 기본적이고 깊은 감정의 일치를 가능하게 하고, 그들 구성원 사이의 완벽한 연대감을 가능하게 한다.

사회는 공동체와 본질적으로 대립된다. […] 그것은 사람들끼리 활기 있고 지속적으로 유지되는 인간 집단에 유기적으로 분리되어 있다. 반면, 공동체 사람들은 모두 분리되어 있지만 연결되어 있고, 사회 내 사람들은 모두 연결되어 있지만 분리되어 있다. […] 사회라는 이 인위적 집합 속에서 개인 각각은 본질적으로 다른 사람들로부터 고립되어 있고 분리되어 있다. […] 개인들 사이의 협력은 제한되고 임의적인 합의를 거치고, 이러한 합의는 개인 각자의 본질적인 독립에 의문을 제기하지 않는다. 시민사회는 본질적으로 교환의 사회가 된다. 사람들은 그 속에서 그들의 권력과 이윤창출의 의지를 발현시키고 계급투쟁과 같은 정치를 발생시키며 유기적 결합은 사라지고 그들의 유일한 야망에 의해 성숙하게 된다.

'공동체'와 '사회'는 유기적 의지(본성에 대한 표현)와 추상적 목적을 세우고 그것을 달성하기 위해 최선의 수단을 결정하는 성찰된 의지에 근거한다. […] 공동체는 유기적 의지의 관계에 의해 구성된 형태이고, 사회는 성찰된 의지의 관계에 의해 구성된 형태이다. […] 공동체 시대는 화합, 관습, 종교와 같은 사회적 의지로 특징지어진다. 사회의 시대는 협력, 정책, 공공 의견으로 특징지어지는 사회적 의지로 나타난다. […]

거대 산업 도시나 상업 도시에 의해 구현되는 '사회' 시대는, 사람들이 부분적이고 임의적인 방식의 관계를 맺는 시대, 필수불가결하게 공동체 시대의 뒤를 따라온다. 역사는 '공동체'에 대한 '사회'의 불가피한 승리를 보여준다. "가족생활과 가정 경제는 공동체 시대에 근본적 성격을 부여했고, 상업과 대도시 생활이 사회 시대의 성격을 제공하였다. 공동체의 완전한 발전은 사회를 향한 발전이지만 공동체의 힘은 사회의 시대에 유지되고 사회적 삶의 현실로 남아 있다. [...] 사회의 시대는 도시가 마을에서부터 발전될 때 시작된다. [...] 그래서 우리는 시장의 발달이 도시인과 도시적 삶을 향한 발전적 경향으로서 여겨질 수 있다는 의미로 이해할 수 있다." 가족의 구성원을 결합시키거나 마을 집단의 구성원을 결합시키는 긴밀한 연대는 '사회'가 복잡해지고 발전함에 따라서 대도시가 가장 극하게 보여주듯이 추상적이고 법률적인 유대로 대체된다.

3. 합리화

베버가 주요하게 다루는 주제는 합리화이다. 『경제와 사회(1919~1920)』는 사회적 제도의 합리화 과정과 사회적 관계의 유형과 같은 베버의 대표적 개념을 설명하고 있다.

1) 합리화 : 마법에서 풀린 세상

베버는 주술적 사고의 탈피 과정을 설명하면서 사회적 제도의 합리화가 어떻게 진행되었는지 보여준다. 고대사회의 공동체를 지배하는 힘은 주술적 사고였다. 주술사는 그의 자연적 재능이 집단에 의해 초자연적 능력과 권력으로 해석되는 특별한 인물이다. 주술사는 집단의 믿음을 구현하는 공동체의 대표로서 가뭄에 비를 내리게 하거나 아픈 사람의 병을 낫게 하는 등 일상적 삶의 문제를 해결하는 카리스마 권력을 가진다. 고대 공동체 구성원들은 비합리적이고 초자연적인 질서에 강한 사회적 결속력을 가진다.

그러나 주술사들의 경쟁은 주술의 신성성을 보편적 종교 형태로 전환하는 계기가 되었다. 전쟁과 투쟁에서 승리한 주술사와 그의 신은 다른 공동체의 신성성을 독점하고 보편적 종교 관습을 구축하게 된다. 주술사의 전통적 카리스마는 전문 종교인(목사)에게 이전되고 주술이 교리로 대체되는 단계로 나아갔다. 합리화는 정치적이고 상징적인 권력 집단의 생성을 통해 보편적 제도의 구축과 그들의 체제 독점(중앙집권)으로 이루어진다.

베버에게 합리화는 마법에서 풀린 세상이다. 카리스마는 비합리적 사회에서 확산된 세계의 표상이다. 합리화는 종교적 가치에 근거했던 기존의 가치 체계를 전복하고 합법적 형태의 사회적 연대와 비개인적인 권력을 구성한다. 베버에게 합리화는 역사적 변화를 이끄는 기제이다.

2) 권력과 지배

베버가 『경제와 사회』에서 주요하게 다루고 있는 또 다른 개념은 권력(Macht)과 지배(Herrschaft)이다. 권력과 지배 개념은 사회적 관계의 합리화 형태를 설명한다.

권력은 그 자체로 합리화를 내포하지 않는다. 권력이 반드시 합법적 명령에서 발생하지 않기 때문이다. 예컨대 권력형 폭력은 인간 존재에게 유의미한 가치를 제공하지 않는다. 해방, 자유, 경제적 발전을 저해한 권력은 합리화를 이끄는 기제가 아니었다. 인간 존재와 삶에 도움이 되는 권력만이 합리화의 의미와 가능성을 제공한다.

지배는 명령에 복종하는 개인의 동기와 관련된다. 지배는 한(여러) 사람이 다른 사람에게 복종하는 행위이다. 지배 유형은 복종하는 개인 인식에서 결정된다. 베버는 카리스마, 전통, 합법성의 사회적 관계로 지배 유형을 설명한다.

첫째, 카리스마 지배는 개인이 영웅이나 신비로운 힘에 지배되는 형태이다. 카리스마 지배는 사회 변혁을 이끄는 인물들의 비범한 능력과 특별한 희생에서 성립한다. 이러한 지배 형태는 비합리적 사회에 확산되어 있다.

둘째, 전통적 지배는 전통 사회에서 오늘날까지 우리 삶에 중요한 영향을 미치는 믿음, 전통, 생활양식에 개인이 복종하는 유형이다. 전통적 지배는 오늘날 상징적 권위로서 존속된다.

셋째, 합리적 지배는 법률적 합법성에 근거한 명령에 복종하는 형태이다. 합리적 지배는 근대 사회에 나타난다.

베버의 3가지 지배 유형과 행위의 4가지 이념형을 교차하면 개인 행위의 동기와 지배 형태의 관계를 설명할 수 있다. 이성과 가치는 합리적 지배와 관련하고, 감정과 전통은 카리스마 지버와 전통적 지배에 연결된다.

지배 유형에 따른 사회적 집단의 출현은 필연적이다. 신성한 재물을 소유하고 처리하는 능력자들로 구성된 집단은 영웅이나 주술적 집단이며 규칙, 명령, 인간의 존엄성을 엄수할 목적에서 물리적 힘과 권력을 행사할 수 있는 지배 집단은 정치적 집단(정부, 정당)이다. 정치적 현실에서 권력과 지배가 실제 작동되기 위해서 정치적 집단(politischer Verband)이 필요하다. 베버에게 사회적, 문화적 엘리트 집단은 새로운 권력 조직이다.

연합(Verein)은 구성원들이 합의한 규칙에 의해 지배되는 집단이다. 기관(Anstalt)도 법률에 의해 사회적 관계가 결정된 집단이다. 기업(Betriebverband)은 합리적 행위를 실행하는 데 체계적이고 조직적인 행정 기관을 갖춘 사회이다.

3) 합리적 조직 : 관료제

베버는 합리적 조직 구조의 가장 발달된 형태를 관료제라고 했다. 관료제는 전문가(본래적 의미에서 관료: 국가 조직 소속의 공무원)에 의해 규칙과 명령 업무가 수행되는 조직 체계를 말한다. 일반적으로 정부 조직과 기업 조직을 일컫는다. 관료제는 방대한 업무를 효율적으로 처리하는 데 적합한 조직 체계로서 산업 사회에서 출현했다.

관료주의는 다음과 같은 특징을 가진다. 첫째, 지위와 역할에 따른 업무 분할과 전문가에 의한 업무 수행이다. 학교는 해당 업무에 필요한 자질과 능력(자격증)을 인정받은 사람들에 의해 전문적인 업무가 이루어진다. 예컨대 수업을 담당하는 선생님, 행정 업무를 처리하는 직원, 학생들의 건강과 위생을 담당하는 보건 선생님 등은 각자의 고유 업무를 책임 수행한다. 둘째, 엄격한 위계서열이 있다. 평교사, 부장교사, 교감, 교장 등 직위와 직급에 따른 권한과 역할이 구분되어 있다. 관료제는 지위에 따른 상명 하달의 수직적 명령체계에 의해 운용된다. 셋째, 공식적이고 객관적인 업무 진행 방식이다. 업무 담당자는 객관화된 업무 규정(문서화)을 이행함으로써 업무의 객관성과 연속성을 보장한다. 비개성적이고 비개인적인 업무처리로 어떤 누군가가 해당 업무를 대신하더라도 일의 연속성을 보장한다. 조직원들은 개인의 호불호나 주관적 가치 판단에서 일을 처리할 수 없다. 관료제는 표준화된 규범에 의해 기능하며 역할에 맞는 능력과 기술만을 요구한다.

하지만 몰인격적이고 몰개성적인 업무 처리 방식은 나쁜 정부(베버의 표현)를 만든다. 베버에게 관료 사회의 공무원들은 기관이 제시하는 규칙을 수행하는 역할을 한다. 그들은 새로운 의지를 발현하기보다 전임자의 방식을 답습하며 규정대로 행동하도록 훈련된다. 특히 관료제는 문제 발생 시 직위와 역할의 구분에 따른 책임 소재가 명백하게 파악되는 구조이기 때문에 구성원들은 가급적 문제를 일으키지 않고 새로운 도전을 하지 않으며 무사안일주의를 추구한다. 따라서 관료주의에서는 목적과 수단이 전치되는 목적전치 현상이 발생한다. 실제 삶이 요구하는 필요(개선안)가 관료제에 원활하게 반영되지 않음으로써 관료주의는 나쁜 제도로서 인간의 존엄성을 짓밟고 인간 소외 현상을 만드는 가능성이 농후하다.

(1) 영화 속 관료주의와 개인

<나, 다니엘 블레이크>(I, Daniel Blake, 켄 로치 감독, 2016년, 영국)

영화는 심장병을 앓아 일자리를 잃게 된 한 목수가 정부 기관에 질병수당과 구직수당을 요구하면서 겪게 되는 나쁜 관료주의를 이야기한다. 인간의 진정성과 존엄성이 관료주의의 무책임과 비인간주의에 농락당하고, 제도권의 방침이 사실상 개인의 자유로운 선택을 불가능하게 하는 관료제의 융통성 없는 현실을 보여준다.

사진: 〈나 다니엘 블레이크〉 관료 행정의 기계적이고 일방적인 조치에 개인들은 속수무책이다.

◆ 관료 지배 체제에서 짓밟히는 인간성

다니엘은 의사로부터 심장 기능이 호전될 때까지 목수 일을 휴직하고 재활 치료를 받으라는 말을 듣는다. 휴직과 함께 질병 수당을 받기 위해 심사를 받는 날, 고용연금부 소속 의료전문가의 검사가 기괴하다. 심장병과 상관없는 신체 반응을 살피고 병과 무관한 질문을 하기 때문이다. 다니엘은 의료전문가에게 심장 의료 기록을 확인했는지 묻지만 자신의 명령에 불응하면 수당 자격 취득에 불리하다는 권위에 가득 찬 답변만 돌아온다. 며칠 후 다니엘은 질병수당 신청이 기각되었음을 통보받는다.

발신자 요금 지불의 고용연금부 대표 전화를 1시간 48분 기다린 후 통화에 성공한 다니엘은 질병 수당 자격 심사에서 만점을 받지 못해 탈락했다는 사실을 알게 된다(정부는 재정 지출을 최소화하기 위해 수당 신청건을 줄일 목적이었다). 그는 주치의의 소견이 질병 수당 심사에 반영되지 않았음에 경악하고 길고 끔찍한 항고 신청을 하기로 작정한다.

당장 질병수당을 받지 못하게 된 다니엘은 구직을 해야 하는 처지가 되어 정부 고용센터를 찾지만 직원은 사람을 응대하지 않는다. 모든 업무 신청은 인터넷에서 가능했기 때문이다. 연필 시대를 산 다니엘이 신청서 작성을 위해 인터넷 가게에 가지만, 컴퓨터 화면을 켜는 것도 자판을 누르는 것도 혼자 할 수 있는 일이 아니었다. 옆 사람의 도움을 받아 겨우 끝낸 서류 작성도 컴퓨터 오작동이나 이용시간 만료 등 난처한 경우를 만나 인터넷 신청에 실패하고 만다.

기진맥진하여 다시 찾은 고용센터에서 다니엘은 직원에게 매달린다. "절차가 복잡해서 제자리걸음이오." 직원이 신청서 작성을 도와줄 찰나 함께 있는 두 사람을 본 상사가 해당 직원을 부른다. 그리고 개인적 도움은 규칙 위반이라며 해당 직원을 제자리로 복귀시킨다.

해당 관공서에서 아무런 도움을 얻지 못한 다니엘은 일자리를 구하기 위해 수기의 이력서를 들고 목공소를 돌아다닌다. 낡은 방식이지만 늙고 병든 이에게 적합한 구직 방법이 있다는 걸 증명이라도 하듯 다니엘은 채용되지만 자신은 일을 할 수 없는 환자이고 항고심까지 고용 증명이 필요하다는 사실을 말하지만 되돌아오는 반응은 모욕적이다. "일도 안 하고 받아먹을려고!"

35시간의 구직 활동은 구직 수당금을 위해 필요했다. 다니엘은 심사관에게 수기 이력서와 함께 그동안의 구직 활동 경과를 설명해 주었다. 그러나 고용센터에서 요구하는 증명 방식은 인터넷 구직 신청서나 핸드폰 사진. 인터넷 사이트를 통한 구직은 애초 다니엘에게 가능한 방법이 아니었다. 심사관은 증명 서류가 불충분하다는 이유로 그를 구직수당지원 제재 대상자로 결정한다.

관료 체계의 현실이 자신의 목숨(생계)을 결정하는 부당한 사실 앞에 다니엘은 "저들 손에 죽고 산다니 웃기지?"라며 자조한다.

심장병을 앓아도 질병 수당 자격을 박탈당하고 심장병을 앓기에 구직 수당도 받지 못하는 다니엘의 처지는 전형적인 관료주의의 구조적 모순을 보여준다.

정부 기관 소속 의료진은 정부의 재정 지출 축소 명령에 따라 전문가로서 소신과 책무를 내동댕이치고 조직의 방침에 적합한 질병 수당 수급자를 선별한다. 그래서 심장병 환자가 노동을 할 수 있을 만큼 건강한 상태가 되고 상식과 위배되는 행정 결정도 내려진다. 현실과 실제는 관공서의 필요에 따라 서류로 조작된다.

관료주의 행정은 관료의 행정 업무 실행에 모든 효율적 편리를 제공하도록 조직된다. 발신자에게 요금이 청구되는 전화, 담당자와 직접 연결되지 않는 콜센터, 당사자의 사정을 배제한 직원의 행정 결정은 업무 시스템이 얼마나 기계적이고 일방적인지 보여준다. 그래서 관료들은 무례하고 위압적이다. 첫 상담 예약시간에 늦어버린 아이 둘의 엄마는 관료에게 항의했다는 이유로 수당 제재 대상자가 된다. 관료에게 옳은 소리를 할라치면 "제대 대상에 넣을 거요. 경찰을 부르겠어요."라며 쫓아낸다. 사람들의 합당한 제안과 분노에 업무 방해죄를 씌우거나 물리력을 동원한다.

역할과 규정이 명확한 관료주의 구조 속에서 관료들은 적극적으로 문제를 해결하지 않는다. "심사관이 차후에 결정할 거요. 난 그저 설명만 해요." 관료들은 그들 스스로 위계 업무를 명확하게 구분하는 것에서 면책 받는다.

정부와 기관이 구제해야 할 사람들은 관료주의의 행정 편의주의 체계 속에서 탈출구 없이 서 있다. 정부가 적극적으로 해결하지 않는 개인의 문제는 인간의 기본권이나 심지어 목숨(생계)에 영향을 미치는 삶의 절대 필요와 관계된 것이다. 따라서 관료주의 체제에서 결정한 명령에 개인의 선택이란 있을 수 없다. 기관의 명령에 복종하느냐 아니면 체제 밖으로 쫓겨나느냐의 문제일 뿐이다. 관료주의 체제는 생존의 문제를 행정 규율로 표준화하여 인간을 체제 밖으로 몰아가는 위험을 안고 있다. 편의 위주의 경직된 관료 업무 시스템이 아닌 인간 중심의 가치를 표방하는 인식이 정착되어야 진정한 관료제도의 합리성을 말할 수 있다.

(2) 관료주의와 개인

베버에게 조직의 합리화는 업무의 효율성을 극대화할 목적에서 시스템의 규율, 표준화, 협업 등의 체제를 정비하고 행위자의 지위와 역할에 따른 책임과 권한을 개발하여 구현한다.

베버는 대표적인 합리적 조직인 관료주의에서 개인이 진정한 자유로운 존재로서 살아갈 수 있다고 믿었다. 그에게 관료제는 행위자가 자신을 극복하는 이상의 기회를 제공하는 역할을 했다. 세상이 행정 기능주의에 따른 관료주의의 폐해를 알아가지만 인간은 그들의 투쟁을 통해 관료주의의 모순을 스스로 타파할 수 있다고 생각했다. 그는 인간이 쟁취할 수 있는 인간의 자율권을 믿었다. 그래서 개인은 관료주의 체제 속에서 진정한 행위자로 살아갈 수 있으며 자유로운 선택과 결정을 할 수 있다는 것이다. 하지만 베버는 개인의 자율권이 투쟁의 관계에서 쟁취될 수 있다는 가장 원론적인 측면을 강조했을 뿐이다.

4. 베버의 사회 이해

1) 『기독교 윤리와 자본주의 정신』

베버는 『기독교 윤리와 자본주의 정신(1905)』에서 서구 자본주의 발생 과정과 특징을 설명했다. 베버에게 자본주의는 서구 문화의 독특한 합리화 방식의 소산이었다. 베버는 이 책에서 자본주의가 어떻게 서구에서 발달했는지 자본주의화 과정을 설명하고 있다.

(1) 자본주의의 특징

베버는 자본주의 특성을 다음과 같이 제시한다. 첫째, 합리적 체계와 과학의 추구(합리성, 체계성, 전문성), 둘째, 훈련된 관리, 셋째, 정치적, 사회적 집단의 존재. 베버에게 자본주의는 합리적 경제 행위의 결과이다. 자본주의는 이윤 추구와 같은 욕구 충동과 충족과 상관없다. 그것은 전문적 능력을 갖춘 정치적, 사회적 집단이 법률, 규칙에 의해 지속적인 관리(경영) 체계의 합리화를 추구한다.

> 자본주의 합리성은 계산 가능성에 의존하고 있다. […] 과학에 의존한 기술 발달은 다시 실제상으로 적용된 자본주의적 이해관계로 자극 받는다. […] 단지 기술적 생산수단만을 필요로 하는 것이 아니라 형식적 규칙에 따라 계산 가능한 법적 체계와 행정도 필요하기 때문이다(베버, 2014:17~18).

> 자본주의란 지속적이고 합리적인 경영에 의한 이윤추구, 재생되는 이윤 추구와 동일한 것이다. [...] 왜냐하면 자본주의적인 사회질서 안에서 이윤 획득을 위한 자신의 기회를 이용하지 않는 개별적 자본주의 기업은 소멸할 수밖에 없기 때문이다(위 책, 11).

> 자본주의적 획득이 합리적으로 추구되는 경우에 그에 조응하는 행위는 자본에 의한 계산에 적응된다. 이것은 그 행위는 재화와 인간 용역을 획득 수단으로서 체계적으로 사용하도록 적응된다는 의미다(위 책, 11~12).

베버는 합리적 조직 구성과 운영이 서양에서만 발달했으며 그 결과 경제, 사회, 문화의 서구 자본주의가 세계 시장 무대를 지배할 수 있었다고 주장한다. 베버는 동서양의 문화사 관점에서 서양 근대 자본주의 발달을 비교 설명했다.

(2) 자본주의 정신

베버는 서양 자본주의 발달의 원동력이 종교적 윤리에 기인한다고 생각했다. 그는 종교적 윤리가 내포하고 있는 의무의 관념이 자본주의 행위를 이끄는 결정적 요소라고 생각했다. 왜냐하면 합리적 경제 행위가 정신적 영역에서 방해를 받을 때 심각한 내적 갈등에 휩싸여 행위의 추동력을 잃는다고 생각했기 때문이다.

베버는 초기 근대 자본주의 시대에서부터 산업 자본가(기업 경영자, 고급 숙련노동자)들에게 개신교인이 많다는 통계로부터 개신교의 특정 윤리와 자본주의의 경제 행위를 이해하려 했다.

자본 소유자와 경영자층, 상급의 숙련 노동자층, 특히 근대적 기업에 있어 높은 기술적 또는 상인적 훈련을 받은 구성원들이 프로테스탄트 성격을 갖는다는 점이다. […] 개화기의 자본주의 발전이 주민을 그 발전의 필요에 따라 사회적으로 계층화시키고 직업적으로 분화시킨 거의 모든 곳에서 종파 통계의 수치가 나타남을 본다(베버, 2014:27).

베버는 개신교의 세속적 금욕주의에 주목했다. 그런데 금욕주의는 개신교(칼뱅주의)만의 고유한 윤리가 아니었다. 가톨릭과 칼뱅교 두 종교 모두에서 경제 활동의 결과로서 획득된 부가 사치와 향락의 대상이 아닌 금욕의 윤리에서 추앙되었기 때문이다.

프로테스탄트 정신의 일정한 특징과 근대의 자본주의적 문화 사이에 어떤 내적인 친화성이라는 것을 찾으려 한다면, 우리는 좋건 나쁘건 간에 그러한 친화성을 (소위) 그것의 다소간 유물론적인 혹은 반금욕적인 '세속성'에서가 아니라 그것의 순수한 종교적 성격에서 찾아야만 한다(위 책, 36).

세속적 금욕주의는 칼뱅교의 예정설로 다시금 이해될 수 있었다. 예정설은 구원과 관련된 교리이다. 삶을 초월하고 인간의 이해를 넘어서는 신은 인간을 구원한다. 그런데 종교 개혁 이후 칼뱅의 신은 예언자(신부)를 통해 구원을 대리하는 중세 시대의 신이 아니었다. 종교 개혁 이후 고해성사에 의한 구원이 부정되었기 때문이다. 고해성사가 사라지고 오직 인간 스스로가 신의 말과 증표를 이해하는 정신적 존재로 등극했다. 그 결과 모든 인간은 기도로써 직접 신에게 구원받을 수 있었다.

종교 개혁은 삶 전반에 교회의 지배를 배제한 것이 아니고 오히려 그러기까

> 지 삶의 형식을 다른 형식으로 대체함을 뜻한다. 여러 면에서 형식적 지배가 사적, 공적 생활에 파고들어 모든 삶의 영위를 매우 부담스럽고 진지하게 통제하는 것으로 대체한 것이다(위 책, 28).

> 신이 인간을 위해 존재하지 않고 인간이 신을 위해 존재한다. 모든 피조물은 [···] 신의 영광을 바치는 수단으로만 의미를 갖는다(Weber, 1919~1920/1994:114~115).

그렇다면 인간은 어떻게 자신의 구원을 증명 받을 수 있었을까? 어떻게 자신이 신에게 버림받고 선택되는지 확인할 수 있었을까? 신의 은총과 선택의 표시는 노동이었다. 노동이란 경제적 행위가 구원의 표시가 된 데 종교 개혁자 루터의 혁혁한 공이 있었다. 루터는 사회적 경제 행위가 종교적 의무로서 이행될 수 있는 개념을 제시했기 때문이다. 그것은 '소명(vocation)'의 개념이다. 소명은 신의 명령을 일상의 삶에서 실천할 수 있도록 하는 의식이다. 베버는 종교적 소명 의식이 경제적 행위에 융화된 것이야말로 서양의 자본주의 정신을 의미하는 것이라고 말한다.

> 일상 활동은 종교적 의미를 가지고 소명(vocation)의 개념은 직업(Beruf)의 의미를 가지게 된다. 직업은 모든 교리의 표현이다. [···] 신을 기쁘게 하는 유일한 방법은 수도자의 삶의 금욕에 따른 도덕을 위반하지 않는 것이 아니라 세상에서 개인에게 부여한 위치에 맞는 의무, 즉 소명을 다 하는 것이다(위 책, 90).

> 의무를 수행하는 것은 신의 뜻이고 그 결과 모든 직업은 신 앞에서 동등한 가치를 가진다(위 책, 92).

노동의 행위는 자신의 소명을 실천하는 방안이었다. 노동은 구원의 불안한 심리를 실천 행위를 통해 극복하여 신의 선택을 확인하는 수단으로 작용하였다. 노동의 결과로 주어지는 직업적 성공과 부는 신의 법률을 복종한 삶을 증명했다.

베버에게 노동 행위와 금욕주의 행위는 서양의 자본주의를 이끈 결정적 요소였다. 개신교 자본가(기업가)들은 합리적 조직과 근대적 경영 방식(회계)을 도입하여 최대 이익을 생산하고, 생산 행위에서 획득된 이득을 투자 형태로 이어갔다. 자본가들은 실제 이득을 우선하고 종교적 신념에 따라 금욕적 생활양식을 체득하면서 지배 형태의 합리화를 구축하였다. 자본가들은 물질적 지배를 통해 자본주의 경제 정신, 경제적 조직, 사회 계층화를 확산하는 방향으로 나아갔다.

베버는『기독교 윤리와 자본주의 정신』에서 기독교 특정 교리와 자본주의 노동 윤리와의 관련성을 톺아보았다. 자본가(기업가)에게 돈을 버는 행위는 신의 영광을 땅에서 실현하는 방법이었고 금욕주의는 그들에게 부와 물질적 지배를 가져다주는 생활양식이었다. 베버의 자본주의는 물질적 현실(마르크스적 관점)인 동시에 정신적 현실이었다. 베버는 사람의 정신, 가치, 신앙이 경제 발전에 미치는 역할에 주목했고, 정신적(종교적) 요인에서 자본주의 정신의 생활양식과 개인 행위의 합리화를 설명했다.

참고문헌

강수돌(2012), 『노동을 보는 눈』, 개마고원.

강신준(2012), 『마르크스의 자본, 판도라의 상자를 열다』, 사계절.

공지영(2012), 『의자놀이』, 휴머니스트.

구정화(2011), 『청소년을 위한 사회학 에세이』, 해냄출판.

김덕영(2016), 『사회의 사회학』, 길.

김동광(2014), 『과학에 대한 새로운 관점, 과학혁명의 구조』, 미래엔 아이세움.

김수행(2010), 『청소년 자본론』, 두리미디어.

김수행(2014), 『국부론』, 두리미디어.

김윤태(2012), 『사회학 입문』, 휴머니스트.

도미니끄 슈나페(2012), 『통합이란 무엇인가, 유럽의 이민자 통합』, 임지영 옮김, 이담북스.

루이 알뛰세르(1996), 『맑스를 위하여』, 이종영 옮김, 벽의신서, 264~290.

막스 베버(2014), 『프로테스탄티즘의 윤리와 자본주의 정신』, 박성수 옮김, 문예출판사.

막스 베버(2017), 『사회학의 기초개념』, 이상률 옮김, 문예출판사.

볼프강 작스(2010), 『반자본 발전사론』, 이희재 옮김, 아카이브.

수잔 벅 모스(2004), 『발터 벤야민과 아케이드 프로젝트』, 김정아 옮김, 문학동네.

스베틀라나 알레시예비치(2015), 『전쟁은 여자의 얼굴을 하지 않았다』, 박은정 옮김, 문학동네.

스티븐 J 맥나미, 로버트 K 밀러 주니어(2015), 『능력주의는 허구다』, 김현정 옮김, 사이.
아서 코난 도일(1892/2012), 『셜록 홈즈』, 바른번역 옮김, 코너스톤.
앤서니 기든스(2012), 『현대 사회학』, 김미숙[외] 옮김, 을유문화사.
앤서니 기든스(2014), 『자본주의 현대사회 이론 : 마르크스, 뒤르케임 그리고 막스 베버의 저작분석』, 박노영·임영일 옮김, 한길사.
에밀 뒤르케임(2001), 『사회학적 방법의 규칙들』, 윤병철·박창호 옮김, 새물결.
에밀 뒤르케임(2008), 『자살론』, 황보종우 옮김, 청아출판사.
에밀 뒤르케임(2012), 『사회분업론』, 민문홍 옮김, 아카넷.
에밀 뒤르케임(2017), 『종교 생활의 원초적 형태』, 노치준·민혜숙 옮김, 민영사.
요한 볼프강 폰 괴테(2014), 『젊은 베르테르의 슬픔』, 박찬기 옮김, 민음사.
임지영, 「19세기 부르주아의 삶과 모자, 계급적 표상으로서의 부르주아 모자」, 한국프랑스학논집, 제89집(2015.2), 363~389.
지그문트 바우만(2013), 『우리는 왜 불평등을 감수하는가?』, 안규남 옮김, 동녘.
칼 마르크스(2007), 『정치경제학 I 비판 요강』, 김호균 옮김, 그린비.
칼 마르크스(2008), 『자본 I』, 강신준 옮김, 길.
칼 마르크스, 프리드리히 엥겔스(1990), 『독일 이데올로기 I』, 박재희 옮김, 청년사.
칼 마르크스, 프리드리히 엥겔스(2018), 『공산당 선언』, 심철민 옮김, 도서출판b.
폴 라파르그(2013), 『게으를 수 있는 권리』, 조형준 옮김, 새물결.
프리드리히 엥겔스(2011), 『반듀링론』, 김민석 옮김, 중원문화, 131~153.
하르트무트로자, 다비드슈트렉커, 안드레아 콧트만(2016), 『사회학 이론, 시대와 관점으로 본 근현대 이야기』, 최영돈[외] 옮김, 한울.
하우스 푹스(1909/2011), 『풍속의 역사IV』, 이기웅·박종만 옮김, 까치.
한병철(2013), 『피로사회』, 김태환 옮김, 문학과 지성사.
Aron Raymond(1967/2001), *Les étapes de la pensée sociologique*, tel gallimard.
Bachelard Gaston(1934), *Le nouvel esprit scientifique*, PUF
Balibar Etienne(2001), *La phiosophie de Marx*, La Découverte.

Beaud Stéphane, Weber Florence(2003), *Guide de l'enquête de terrain*, La découverte.

Boltanski Luc, Chiapello Eve(1999), *Le Nouvel Esprit du capitalisme*, Gallimard, 111~135, 451~457.

Boudon Raymond(2012), *Croire et savoir, Penser le politique, le moral et le religieux*, PUF.

Bourdieu Pierre, Chamboredon Jean-Claude, Passeron Jean-Claude(1968), *Le métier de sociologue*, Moton.

Colliot-Thélène Catherine(2006), *La sociologie de Max Weber*, La Découverte.

Combemale Pascal(2010), *Introduction à Marx*, La Découverte.

Comte Auguste(1839/2007), *Cours de Philosophie positive*, PUF.

De Tocqueville Alexis(1835/1986), *De la démocratie en Amérique*, Folio.

Desmulier Dephine(2002), "Une méthode pour la sociologie", Sciences Humaines, 296. https://www.scienceshumaines.com/durkheim-emile_fr_12653.html

Dubar Claude, Tripier Pierre(2005), *Sociologie des professions*, A.Colin.

Dubet François(2017), "Durkheim 100ans après", Sciences Humaines, Hors-Série 6. https://www.scienceshumaines.com/durkheim-100-ans-apres_fr_38645.html

Durkheim Emile(1988/1895), *Les Règles de la méthode sociologique*. Flammarion.

Durkheim Emile(1897/1999), *Le Suicide*, PUF.

Durkheim Emile(1924/2014), *Sociologie et philosophie*, PUF.

Durkheim Emile(1912/2003), *Les formes élémentaires de la vie religieuse*, PUF.

Durkheim Emile(1893/1994), *De la division du travail social*, PUF.

Duroselle Jean-Baptiste et GERBET Pierre(1962), *Histoire*, Fernand Nathan.

Etienne Jean, Bloess Françoise, Noreck Jean-Pierre, Roux Jean-Pierre(2002), *Dictionnaire de sociologie*, Hatier.

Ferréol Gilles, Noreck Jean-Pierre(2010), *Introduction à la sociologie*, A.Colin.

Fournier Marcel(2007), *Emile Durkheim: 1858~1917, Histoire de la Pensée*, Fayard.

Heilbron Johan(2006), *Naissance de la sociologie*, Agone. 349~356.

Jonas Friedrich(1991), *Histoire de la sociologie, des lumières à la théorie du social*, Larousse, 241~268.

Kuhn Tomas(1962/2008), *La structure des revolutions scientifiques*, Champs.

Linton Ralph(1936/2002), *Le fondement culturel de la personnalité*, Dunod.

Lim Ji-Young(2010), 「Les cadres coréens en France entre culture nationale et culture internationale」, Université Paris 5.

Marx Karl, Engels Friedrich(1845/1965), *L'idéologie allemande*, Editions sociale.

Marx Karl(1867/1993), *Le capital I*, PUF.

Marx Karl(1948/1966), *Manifeste du Parti Communiste*, 10/18.

Merton Robert K(1968/1997), *Eléments de théorie et de méthode sociologique*, A.Colin.

Mills C. Wright(1959/1997), *L'imagination sociologique*, La découverte.

Molénat Xavier(2007), "Emile Durkheim-le père de la sociologie", Sciences Humaines, Hors-Série 6 https://www.scienceshumaines.com/emile-durkheim-1858-1917-le-pere-de-la-sociologie_fr_21352.html

Popper Karl(1965/2007), *La logique de la recherche*, Payot.

Rousseau Jean-Jacques(1762/2001), *Du contrat social*, Flammarion.

Simon Pierre-Jean(2002), *Hisoitre de la sociologie*, 458~462.

Weber Max(1905/1991), *L'éthique protestante et l'esprit du capitalisme*, Pocket.

Weber Max(1919~1920/1994), *Economie et société*, Paris: Pocket.

Weber Max(1919~1922/2003), *Le savant et le politique*, La Découverte.

Weber Max(1915~1920/2006), *Sociologie des religions*, Gallimard.

[저자 약력]

임 지 영

파리 5대학 소르본인문사회과학대학원 사회학 박사
부산교육대학교 사회교육과 강사
『믿음과 지식은 어떻게 선택될까?』(2017), 『통합이란 무엇인가』(2012) 역서 외

사회가 뭐예요? – 개인과 사회적인 것의 이해

초판인쇄 2019년 9월 5일
초판발행 2019년 9월 10일

지은이 임지영
펴낸이 박노일

총괄기획 김중용 · 최준규
편 집 심성보 · 김인숙

펴낸곳 pnc publishing and culture 피앤씨미디어
경기도 고양시 일산동구 강송로 153 310-1501
등록 제396-2012-000203호
전 화 070)7550-3758 팩 스 02)718-8554
홈페이지 www.pncmedia.co.kr 이메일 pnc@pncmedia.co.kr
ISBN 979-11-5730-699-2 93330

정 가 12,000원